中学校国語科

クラス全員が必ず書けるようになる指導技術

すぐに使える練習ドリル付き

長谷川祥子 編著
加賀谷いづみ
西山明人 著

明治図書

はじめに

二〇一八年三月告示の高等学校学習指導要領国語で「現代の国語」と「言語文化」が2単位ずつ必修となった。「現代の国語」の「読む」教材は「現代の社会生活に必要とされる論理的な文章及び実用的な文章とする」と明記された。必修の半分を論理的文章を読み、書き、話し、聞く学習に充てるという。高等学校国語科授業の変容は高校の入試を変え、中学国語科授業の改善に直結する。

二〇一九年十二月に、二〇二一年一月実施の大学入学共通テストでの記述式問題の導入が見送られた。記述式問題の導入は文部科学省の英断と捉えているので、早期の実施を期待している。

本書では、クラス全員が必ず書けるようになる指導技術の一方法を、具体的に提案する。教科書の文章を読み解けていない子どもがいるという報告がある中、中学生が書いた分かりやすい文章を読み、それに基づいて論理的に書く力を伸ばそうという試みである。本書での学習指導は複数の中学校で取り組み、成果を既に上げている。第七章で先駆的な中学校を2校紹介する。巻末にコピーをすれば、すぐに使えるドリルも載せている。

現在、多くの中学校が臨時休校である。今ほど、中学生が不安や悩み、困ったこと、明日への希望など、その思いや考えを言葉にし、表現する必要が迫られているときはないであろう。先生方に本書を活用いただき、生徒の論理的思考力・表現力の育成の一助になれば幸いである。

二〇二〇年五月五日　　　　長谷川　祥子

目次

はじめに　3

第一章　中学生はなぜ「書くこと」が苦手なのか

1　生徒の立場……15
(1)　書くことがない、書き方が分からない、書きたくない、書いたことがない　15
(2)　読書感想文はあらすじで原稿用紙を埋める　16
2　教師の立場……17
(1)　論理的文章を「書く」授業の仕方が分からない　17
(2)　教科書の「書くこと」の単元をとばす　17
3　中学生が書く論理的文章とは科学論文の中学生版―小論文―……18
コラム　大学生も書くことが苦手　19

第二章　新学習指導要領が求める「書くこと」の学習指導とは何か

1　新設された「情報の扱い方に関する事項」では論理的思考力の育成が求められている……20
2　新テストの記述式問題では論理的思考力・表現力を求めていた……21
3　〈思考力、判断力、表現力等〉「B　書くこと」の学習で要求している能力とは……23
4　ますます必要となった論理的思考力……24
(1)　なぜ国語科で論理を教えるのか？　24
(2)　言葉は論理といえるのか？　26
(3)　思考力と論理的思考力とは違うのか？　27
(4)　論理的思考には種類がある？　28
(5)　国語科で論理的思考を育成する必要がある？　29
(6)　明治の文豪の論文例─森鷗外・夏目漱石・寺田寅彦─　30
①　森鷗外の論文　30
②　夏目漱石の論文　32
③　寺田寅彦の論文　34

第三章　論理的文章についての常識・非常識

1　文法を知っていると文章が楽に書ける?―きりっとした文章を書くには―……35
2　文章を書くには文学的センスが必要か?―文章は書いていくうちに発展する?―……36
3　「こと」・「もの」は具体的にいい換えよう……37
4　便利な言葉「要点を押さえる」「活性化」を使わない……37
5　バイアス・ワード（傾向語）にだまされない……38
6　句読点の付け方……39
7　抽象概念は漢字のおかげ……40
8　文体は個性の始まり……41

第四章　だれにでも教えることができる「書くこと」の授業の基礎

1　「小論文」は自然科学論文の初歩である……43
(1)　生活作文と小論文との違い　43
(2)　小論文は科学論文の書き方指導書に学ぶべし　44
①　文章構成　45

② 段落とキーワード 45
③ 事実の書き方 46
2 「小論文」の書き方指導を始めるために……48
(1) 教科書の論理的文章教材を読む 48
① これまでの論理的文章を読む学習の問題点 48
② 教科書の論理的文章教材の課題 48
(2) 中学生が書いた「小論文」を読む 49
① 中学1年の書いた「小論文」 50
② 中学2年の書いた「小論文」 51
③ 中学3年の書いた「小論文」 52
(3) 文章構成「はじめ・なか1・なか2・まとめ」に気づく 53

第五章 クラス全員が必ず書けるようになる「書くこと」の授業

1 報告の書き方編……54
(1) 報告は学校行事が適している 55
(2) 授業時数 55
(3) 国語教科書の「書くこと」の単元の扱い方 56

(4) 3年間の学習計画 56
(5) 小論文学習の全体像 57
① 学習目標 57
② 学習計画（4時間扱い） 57
③ 主な発問・指示及び評価 58
(6) 使用する教材 70
教材1 「小論文の書き方」プリント 70
教材2 「小論文書き方ワーク」 71
教材3 「どちらがじょうずかな」プリント 72
【資料編】 教材1 「小論文の書き方」プリントの解説 74
教材2 「小論文書き方ワーク」の解説 84

2 論説の書き方編 …… 86
(1) 経験を基に主張を書く 86
(2) 学習計画、主な発問・指示、使用する教材 86

3 説明の書き方編 …… 87
(1) プレゼンテーションの基礎を身につける 87
(2) 読み上げ原稿を作成する 87
(3) スピーチの3年間の計画 87

(4) スピーチ学習の全体像 88
① 学習目標 88
② 学習計画（4時間扱い） 88
(5) 主な発問・指示及び評価 89
(6) 使用する教材 91
教材1 「スピーチ聞き取りメモ」 91
4 記録の書き方編 …… 92
(1) 事実の記録の仕方 92
(2) 日記で記録の文章を書く習慣をつける 92
(3) 日記の書き方例（中学3年） 93
5 読書感想文の書き方編 …… 94
(1) 夏休みの宿題は読書記録カードにする 94
(2) 二学期最初の国語科授業で読んだ本を持参 94
(3) 主な発問・指示及び評価 94
(4) 読書感想文コンクールへは希望者が応募する 97
6 自己PR文・自己推薦書編 …… 98
(1) 小論文やスピーチ原稿等を3年間保管 98
(2) 経験に基づいてPRする 98

第六章 「書くこと」の授業における指導技術

1 授業内で書く……99
2 一単元を４時間以内で、一斉に書く……100
3 原稿用紙１枚、４００字で書く……100
4 一年間に５課題を書く……101
5 評価が要である……101
6 国語科の授業内で添削・評価を指導する……102
(1) 黒板添削での評価の観点の提示 102
(2) 添削には「○」印をつけてから 102
(3) 具体的事例を中心に指導 102
(4) 教師による評価 103
(5) 段落ごとの評価 103
(6) 「評価の授業」の設定 103
(7) 最終の評価は花印で押す 103
7 各教科や総合的な学習の時間で、小論文の書き方指導を生かす……104
8 高校入試の記述式問題に対応できる……104

第七章　実践　学年・学校全体で論理的文章を書く

【1】学年全員が論理的文章を書ける―北海道札幌市立元町中学校1年の取り組み―……106

1　特色……106

(1)　学年での取り組み　106

(2)　教科書の論理的文章教材や、リライト教材を「読む」学習と系統的に設定　107

2　学習指導計画……108

3　生徒作品……109

①　C評価の作品（1回目「家の手伝い」）110

②　C評価の作品（3回目「班・係活動」）111

③　B評価の作品（2回目「炊事学習」）112

④　B評価の作品（4回目「二学期の行事」）113

⑤　A評価の作品（3回目「班・係活動」）114

⑥　A評価の作品（5回目「中学1年の思い出」）115

⑦　個人の変遷　116

4　成果、課題、他の「書く」活動への影響……119

(1) 成果 119
(2) 課題 119
(3) 他の「書く」活動への影響 120

【2】全学年が論理的文章を書ける―東京農業大学第三高等学校附属中学校― 121

1 特色 121
(1)「論理の時間」を学校で統一して設定 121
(2) 一人の教師が全学年を週に1時間指導 122
(3) 全校で同様のテーマ・指導計画・字数で指導 123
2 学習指導計画（二〇一八・二〇一九年度） 123
3 生徒作品 124
① C評価の作品（1回目「家の手伝い」中学2年） 125
② C評価の作品（4回目「係活動」中学1年） 126
③ B評価の作品（1回目「家の手伝い」中学2年） 127
④ B評価の作品（2回目「体育祭」中学3年） 128
⑤ A評価の作品（4回目「係活動」中学1年） 129
⑥ A評価の作品（5回目「一年間の思い出」中学3年） 130
⑦ 個人の変遷

（1回目「家の手伝い」・4回目「係活動」・5回目「一年間の思い出」中学1年） 131
4 他教科への活用 134
(1) 五教科の学習レポートを書く 134
(2) 英語のライティング・スピーキングへの応用 135
5 成果、課題、他の「書く」活動への影響 135
(1) 保護者からの期待 135
(2) 効果測定として実施した検定試験結果 136
(3) 小論文を書く能力は3回目または4回目で向上する 136
(4) 授業展開上の問題点 138
(5) 生徒による「論理の時間」の授業の振り返り 138

第八章 すぐに使える論理の練習ドリル

1 基礎（中学1～2年） 141
2 段落（中学1～3年） 143
3 一段落一事項（中学1～3年） 147
4 名前のつけ方（中学1～3年） 151
5 具体と抽象（中学1～3年、中学・発展） 154

6 論理的思考の組み立て方（中学1～3年）……158
7 事実か意見か（中学1～3年）……161
8 事実（「なか」）の書き方（中学1～3年）……166
9 考察（「まとめ」）の書き方（中学1～3年）……173
10 結論（「むすび」）の書き方（中学3年）……179
11 序論（「はじめ」）の書き方・題名のつけ方（中学1～3年）……180
12 図・表・グラフの読み方（中学1～3年）……184
13 情報の信頼性（中学2・3年）……191
14 論理的文章の文体（中学1～3年）……193
15 論証の誤り（中学・発展）……196
あとがき 198
参考文献 199

●第一章● 中学生はなぜ「書くこと」が苦手なのか

中学生はここ何年も論理的に書くことが苦手だといわれている。全国学力・学習状況調査中学3年国語B問題の結果で、「依然として」という文言が使われ続け、自分の考えを事実に基づいて的確に記述できないと指摘されている。それにもかかわらず、中学国語科の授業改善は一向に進んでいないようである。

1 生徒の立場

(1) 書くことがない、書き方が分からない、書きたくない、書いたことがない

小学生に「生活の中で考えたことを自由に書いてみましょう」と言うと、のびのびと自分の本音を書く児童がいる。ところが、中学生に同様の課題を示すと、「書くことがない、書き方が分からない、書きたくない」と言うであろう。生徒は自分の考えを率直に書くことに抵抗がある。これは小学生の幼い考えから一歩進んだ、抽象的な考えを書く術を知らないためである。

一方、地球環境、高度情報化、高齢化等の社会問題を扱った、抽象的なテーマで、調べ学習をして、

自分の考えを書くように話すと、「書いたことがない、おもしろくない」と言う。これまでの小・中学の国語科授業で生徒は生活作文や行事作文、読書感想文、詩歌の鑑賞文を書いた経験はある。レポートや論説を書いてはいるが積み上げがなく、見通しのないその場かぎりの教え方になりがちであり、その学習内容を忘れている。生徒は考え方は大人に近づいても、社会問題への関心が薄いので、当然の反応である。

(2) 読書感想文はあらすじで原稿用紙を埋める

先日、ラジオで理系の大学教員が「感想文ばかり書いているから、大学生になって、まともな文章が書けない」という投稿があった（二〇一九年三月一日）。小学4年のお嬢さんと奥さんが夏休みに読書感想文で喧嘩となる。奥さんはしっかりと感想文を書かせたいが、お嬢さんは自由な発想で書きたいらしい。そのバトルの中、お父さん（投稿者）は学生の卒論の添削をしている。このお父さんと私は同意見である。

夏休みの読書感想文は生徒から嫌われている。市区町村で読書感想文コンクールと冊子作成があるため、中学生は原稿用紙5枚の読書感想文を課せられる。これが読書離れに拍車をかけている。

2　教師の立場

(1)　論理的文章を「書く」授業の仕方が分からない

国語科を担当する教師が小・中・高等学校で論理的文章を「書く」授業を受けてきていない。大学3、4年で研究室に所属し、そこで初めて本格的な論文指導を受け、卒業論文を執筆する。私自身がそうであった。そのためか、国語科の先生方は論理的文章を「書く」授業の仕方が分からないと言い、国語科の役割ではないと認識しているようだ。さらに、社会や理科で、調査や実験、観察を行い、レポートを十分に書いているから国語科授業で書く必要がないと考えている。

(2)　教科書の「書くこと」の単元をとばす

平成二十八年度中学国語教科書3社（東京書籍、教育出版、光村図書）の44単元を調べたところ、次のような問題点がある。

①　一つの単元で学習した文章構成を、他の単元で再び掲載することが稀である。
②　単元ごとに文章構成の説明が異なっているので、単元が変わるたびに新しい文言を教える。
③　段落の書き方を説明していないため、段落の教え方が分からない。
④　事実の書き方を具体的な例を基に、説明している単元が一つもない。
⑤　多様な種類の文章（調査報告・紹介・手紙・説明・意見・創作・詩歌・物語等）を書くこと

が学習の目的で、表現活動を重視しているため、指導が散漫となる。

このような問題点からか、中学国語科授業は「読む」、言語文化、文法の繰り返しである。そして、「書くこと」「話すこと・聞くこと」の単元を気持ちのいいくらい、とばしている。

3　中学生が書く論理的文章とは科学論文の中学生版―小論文―

小学国語教科書で「説明文」と示されている文章や、中学や高校で説明、紹介、広告、解説、記録、報告、論説、評論などと分類されている文章を、本書では「論理的文章」とよぶことにする。中学生が書く「論理的文章」とは、複数の具体的事例と考察で構成された、科学論文の形式を備えた文章のことととらえると、「書くこと」の学習の全体像が明確になる。

「小論文」を小さい論文と考え、「書くこと」の学習では「小論文」の書き方指導を中心に行う。小論文の書き方指導は生徒の論理的思考力・表現力の養成を目指している。

ここでいう「小論文」とは次の性質を備えた文章のことである。

(1)　観察した二つの事実を記述した段落が二つある（「なか1」・「なか2」という）。
(2)　二つの事実に共通する性質を記述した段落や、主張を記述した段落がある（「まとめ」・「むすび」という）。
(3)　右の三～四つの段落の内容のあらましを紹介する段落がある（「はじめ」という）。
(4)　簡潔・明快な文体である（文学的文章とは表現・目的が異なる）。

本書では、生徒全員が書くことができる、そして、だれもが教えることのできる「小論文」の書き方指導の実際を提案する。生徒の論理的思考力・表現力が確実に向上し、今後の国語科授業で最も必要な授業技術であると確信している。

コラム 大学生も書くことが苦手

教職を目指す大学生は介護等体験や教育実習があり、手書きの機会が増える。実習記録の最後の頁に「実習で学んだこと」をA4判1、2枚で記述する箇所がある。例年、学生の三分の一は、200字程度の文章に段落がなく、改行のない文章を書く。1割の学生は段落の初めの一文字を下げていない。

木下是雄はかつて学生の書いたレポートを「なんとなく670字を書きつづけてしまったり、逆に一文ごとに改行したりする学生は例外としても、日本では『だいぶ続けて書いたからこのへんで切るか』というだけの人が多数派なのではあるまいか」（『理科系の作文技術』中公新書、一九八一年）と述べていた。三十数年前、「例外」とした学生が、私が担当した学生では3割程度いる。

段落がない文章の他に、次のようなレポートがよく提出される。

1　書き出しを長くし、そこで字数をかせぐため、序論が5割を占める構成が破綻している文章
2　自分の思いや気持ちをところどころに入れ、心情に訴えようとする生活作文のような文章
3　インターネットの資料をコピペし、他者と自分の考えが混在した論旨が一貫しない文章

各大学でアカデミック・ライティングセンターが続々と開設され、専任教員によるレポート・論文の書き方指導が日常的に行われている。大学生も論理的文章を書くことが苦手であると実感している毎日である。

●第二章●

新学習指導要領が求める「書くこと」の学習指導とは何か

1　新設された「情報の扱い方に関する事項」では論理的思考力の育成が求められている

二〇一七年三月告示の中学校学習指導要領国語では「情報の扱い方に関する事項」が新設された。文部科学省によると、教科書の文章さえ読み解けない子どもが一定数いるという実態から、「情報の扱い方」が置かれたという。

中学校学習指導要領国語の「情報の扱い方に関する事項」は次のように示されている。アが「情報と情報との関係」、イが「情報の整理」である。

中学1年　ア　原因と結果、意見と根拠など情報と情報との関係について理解すること。

イ　比較や分類、関係付けなどの情報の整理の仕方、引用の仕方や出典の示し方について理解を深め、それらを使うこと。

中学2年　ア　意見と根拠、具体と抽象など情報と情報との関係について理解すること。

イ　情報と情報との関係の様々な表し方を理解し使うこと。

中学3年　ア　具体と抽象など情報と情報との関係について理解を深めること。

イ　情報の信頼性の確かめ方を理解し使うこと。

右の事項から「情報の扱い方」では、論理的思考力の育成を目指していると理解することができる。その理由を「第二章」「4」（24頁）以降で、説明する。

2　新テストの記述式問題では論理的思考力・表現力を求めていた

二〇一九年十二月、文部科学大臣は二〇二一年一月実施の大学入学共通テストの記述式問題の導入見送りを発表した。大学入試が大幅に変更になれば、高等学校の国語科授業が変わり、その結果、小・中学校の国語科授業も改善されると期待していた。同十二月には、ＯＥＣＤ生徒の学習到達度調査２０１８年調査（ＰＩＳＡ　２０１８）の結果が報告されている。この結果では二〇一五年より「平均得点・順位が統計的に有意に低下」し、自由記述形式の問題は「自分の考えを他者に伝わるように概拠を示して説明することに、引き続き、課題がある」としている。二〇〇〇年以降の読解力の推移から、第二のＰＩＳＡショックといえる。

さて、二〇一七年十一月実施のプレテストの記述問題は、次のとおりである。

問３　空欄イについて、ここで森さんは何と述べたと考えられるか。次の⑴～⑷を満たすように書け。（正答率0.7％）

⑴　二文構成で、八十字以上、百二十字以内で書くこと（句読点を含む）。なお、会話体にしなくてよい。

⑵　一文目は「確かに」という書き出しで、具体的な根拠を二点挙げて、部活動の終了時間の延長を提案することに対する基本的な立場を示すこと。

⑶　二文目は「しかし」という書き出しで、部活動の終了時間を延長するという提案がどのように判断される可能性があるか、具体的な根拠と併せて示すこと。

⑷　⑵・⑶について、それぞれの根拠はすべて【資料①】～【資料③】によること。

「問３」はテクストの内容理解、テクストの比較、要旨の理解、登場人物の立場に立つ、対立点を整理、根拠の明示、立場と意見を的確に説明と、条件が多い。これは採点基準を明確にし、採点のブレをなくすことをねらいとしている。記述の条件が増えるほど、採点者のブレは解消するが、難問となる。正答率が「0.7％」という数値がそれをよく表している。本書では、プレテストの記述式問題のような難問にも対応できる論理的思考力・表現力の育成を図り、その授業技術を説明することを目指す。

3 〈思考力、判断力、表現力等〉「B書くこと」の学習で要求している能力とは

中学校学習指導要領国語1年の「書くこと」の指導事項のうち、「情報収集・構成・記述」と、言語活動例を、「旧・新」の順で並記する（以下、傍線は筆者による）。そうすると、学習指導要領の改訂の方針がみえてくる。「新」では、次のような「書く」能力を要求しているといえる。

第一が、段落の役割の理解に基づいた文章構成力である。

第二が、「自分の考え」を的確に伝えることのできる文章表現力である。

第三が、論理的文章表現力である（言語活動例の冒頭箇所「ア」が、論理的文章の記述を対象としているため、文学的表現力をより重視していると読み取れる）。

〈指導事項〉　ア旧　日常生活の中から課題を決め、材料を集めながら自分の考えをまとめること。

新　目的や意図に応じて、日常生活の中から題材を決め、集めた材料を整理し、伝えたいことを明確にすること。

イ旧　集めた材料を分類するなどして整理するとともに、段落の役割を考えて文章を構成すること。

新　書く内容の中心が明確になるように、段落の役割などを意識して文章の構成や展開を考えること。

ウ旧　伝えたい事実や事柄について、自分の考えや気持ちを根拠を明確にして書くこと。

新　根拠を明確にしながら、自分の考えが伝わる文章になるように工夫すること。

（言語活動例）ア旧　関心のある芸術的な作品などについて、鑑賞したことを文章に書くこと。

新　本や資料から文章や図表などを引用して説明したり記録したりするなど、事実やそれを基に考えたことを書く活動。

イ旧　図表などを用いた説明や記録の文章を書くこと。

新　行事の案内や報告の文章を書くなど、伝えるべきことを整理して書く活動。

ウ旧　行事等の案内や報告をする文章を書くこと。

新　詩を創作したり随筆を書いたりするなど、感じたことや考えたことを書く活動。

4　ますます必要となった論理的思考力

現在は高度情報化が著しく伸長していて、これは人類社会で初めての経験である。膨大な情報から自分に必要な情報を的確に取り出し、判断した後、行動に移すには、論理的思考力が益々必要である。

(1)　なぜ国語科で論理を教えるのか？

言葉は社会の中で育まれ、その歴史的変化とともに変容している。デュルケームによると言葉は

「社会的事実」であり、「社会的事実」は外から個人に課せられるという。（菊谷和宏訳『社会学的方法の規準』講談社学術文庫、二〇一八年）これは、言葉が社会という枠組みの中で形成され、歴史的な諸事実によって変化していくということを示している。社会が封建社会であれば言葉も封建的色彩を帯び、近代化された社会であれば言葉も近代社会の要素を兼ね備える。

田中克彦は「一定の資格づけを受けたことばは、たいてい国家のことばになっている」（『ことばと国家』岩波新書、一九八一年）とし、国家が言語を形成した顕著な例としてフランス語を挙げている。フランスでは中・近代、同一の言語による統一が行われ、一方言であったフランス語が「母の言葉」となり、「国家語」へと発展する。統一言語は市民階級が台頭する上で不可欠な存在であった。

同様のことを長尾十三二は十七世紀後半から十八世紀初頭まで「常用語としてのラテン語は、イギリスをはじめとするヨーロッパの全域において、ほぼその地位を失った」とし、十七世紀は「市民階級を母体とする近代国家の興隆の時期」（「序章　母国語教育思想の成立」『教育学全集　増補版5　言語と思考』小学館、一九七五年）と定義している。

十七世紀は、ラテン語という一つの確立した演繹的体系から、母語が日常言語から国家の言語として次々に定着する過渡期である。このように母語が国家の言葉として定着する過程は、論理的思考の形式が演繹論理の思考法から、帰納論理の思考法の必要が認識される過程と時期が重なっている。このように考えると、十七世紀は科学革命の時期であると同時に、ヨーロッパでは各国の母語の成立期である。以上のことから、言葉とは社会共通に通用する論理そのものであるということができ、国語科で論理を教える所以である。

(2) 言葉は論理といえるのか?

言葉による表現活動、理解活動は思考活動そのものである。そして、言語は前述のように各地域の社会、文化の歴史による独自の表現形式（音声・文字言語、表象言語、文化）を保持している。このことから言葉による表現活動、理解活動は各地域の社会、文化の活動そのものだということができる。言葉による思考活動とは、全て論理的思考ということができる。

ピアジェは言語と思考は「連帯的な構造」で相互作用を行いつつ、必然的に互いに依存し合うと述べた（滝沢武久訳『思考の心理学』みすず書房、一九六八年）。ヴィゴツキーはピアジェの「自己中心性」の概念を批判し、思想と言葉との関係は「思想の言葉における誕生の生きた過程」であるとした（柴田義松訳『思考と言語』新読書社、二〇〇一年）。これに対して田中克彦はチョムスキーの考え方を紹介し、言語の起源や進化、社会の成立との関係を無視し、言葉の現象は全て人の「深層構造」によるとし、「深層構造」の規則に基づく「表層構造」で言語法則を表現できるとした（『チョムスキー』岩波書店、二〇〇〇年）。

輿水実は教師教育の立場からの研究が大切とし、言語は「社会の認識、大衆の認識の成果」とし、言葉自身は「（独自の）法則、（独自の）大系で動く」とした上で、教師は「思考の改善」や「思考方法」を教えることが課題であり、発達段階の解明が実際的な方策を生まないと述べている（『国語科の基礎・基本著作集第4巻』明治図書、一九八四年）。

人々が一定の地域で共通の言語を使うとき、人々は意識無意識を問わず、共通の社会、文化に基づく一定の言語規則に従って思考し表現しているということができる。人々がこの言語規則に従って推論を述べようとしたとき、論理的思考、論理的表現が必要になる。

言葉が人々にとって共通の規則の枠組みをもっている記号であるからこそ、人々はお互いに予定を確認したり、行動を共にしたり、感動を共有したりすることができる。この社会共通の規則の枠組みを論理と呼ぶことができる。

学校教育の役割は、全教科を通して社会生活に必要な思考の枠組みを教えること、すなわち言葉と文字による論理的思考の技術を教育することだということができる。

(3) 思考力と論理的思考力とは違うのか？

思考の働きは、精神活動の一つで、他の精神活動には感情や記憶、想像、推理、感覚などがある。

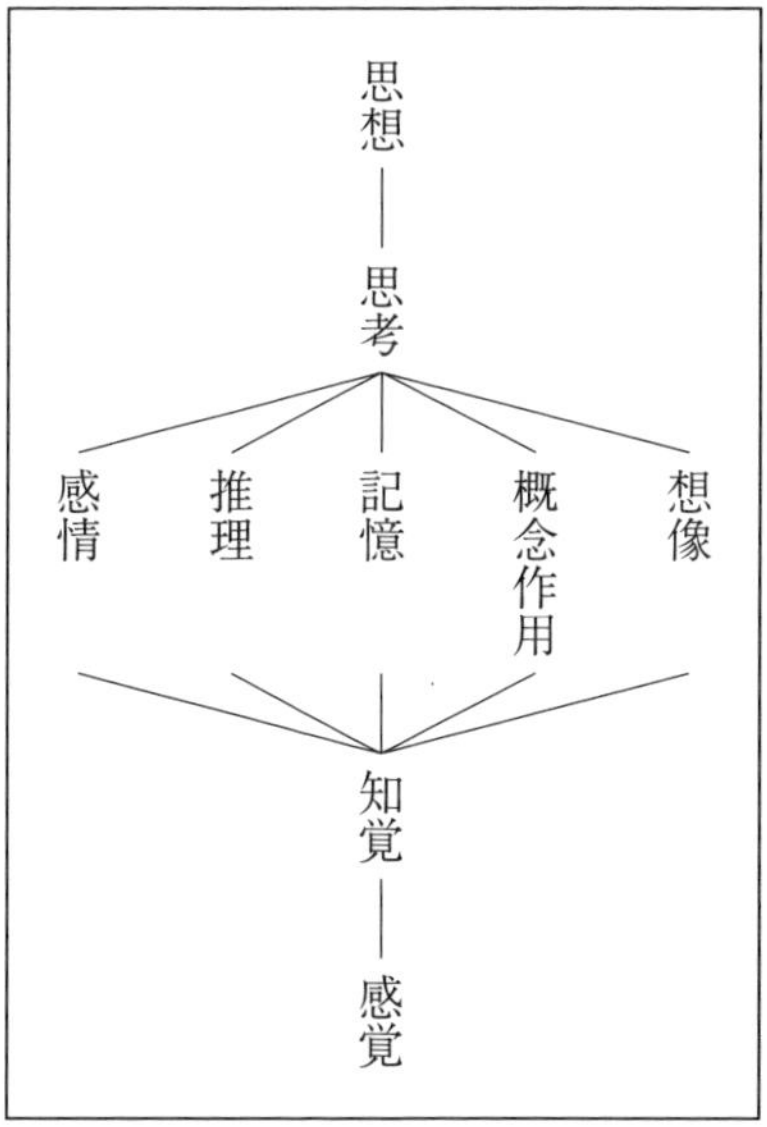

思想——思考
想像　概念作用　記憶　推理　感情
知覚——感覚

石谷二郎は「意識」という「心のハタラキやアラワレの集合」に「感覚、知覚、感情、思考、記憶」（「意識」の項目、『新版　哲学・論理用語辞典』三一書房、一九九五年）が含まれるという。「意識」と思考とは含む、含まれるという関係にあるとしている。

一方、大淵和夫は「感覚、知覚、感情、思考、記憶」の関係を、「知覚は、心の意識作用（何モノかに気がつく作用）の一つで、感覚作用よりは上位、想像、記憶、概念作用、推理よりは下位にあると区別されている。（感覚は生理的作用であるが、知覚は感覚にもとづく知的作用である。）」（「知覚」の項目、前掲同書）と説明している。「知覚」を「心の意識作用」の一つとして、「感覚作用よりは上位、想像、記憶、概念作用、推理よりは下位にあると区別」して位置づけている。両者の考えを援用し、「心の意識作用」を図式化したものが前頁の図である。

思考を「心の意識作用」の一つとし広義で捉え、上位に思想、下位に感覚、知覚、想像、概念作用、記憶、推理、感情を置くことができる。感情を意識するとは、経験を通して言葉で意識することである。とすると、豊かに感情を表現できるとは、経験の結果生じる感情への名づけ方を、数多く知っていることである。それは、多様な経験をし、そのときどきの自分の心の状態を言葉で意識し、区別していることである。

意識するとは、言葉によって区別することである。そのため「心の意識作用」とは、言葉を使用する以上、そこには論理的思考が働いているといえる。思考とは論理的思考といい換えることができる。

(4) 論理的思考には種類がある？

論理的思考には演繹論理、帰納論理、弁証法論理がある（このうち弁証法論理はマルクスの弁証法等の固有名詞が必要な未熟な段階で、一般化した弁証法が存在しないので省略する）。

演繹論理とは、ギリシャ時代から使われた推論法で、賢者の豊富な経験による命題を出発点として推論を重ねる思考法である。近年、記号論理学として発達し、コンピュータに応用された。学校の教科では算数、数学が演繹論理を教えている。

十七世紀前半、イギリスのベーコンは、実験と観察とを重視する帰納論理の思考法を提唱した。それは多数の事例を集めて表や目録を作り、事象や現象の本質を把握しようとする思考法である。従来の三段論法を乗り越える方法として歓迎され、特に、十九世紀以降、医学、物理学、自然科学研究の原動力となった。この思考法の特質は、事実の意味を考える、事実と言葉の関係を考える点にあり、事実を確認することが重視される。学校教育では国語、社会、理解、技術・家庭、保健体育等の諸教科は帰納論理の考え方によって教えている。

日常生活での推論は帰納論理が中心である。物理学者の渡辺一衛によると、帰納とは「同種のものと考えられるいくつかのモノA、B、C、D……をみて、そこに共通する性質が、その同種のモノすべてに成り立つと考える推理法」（「帰納」の項目、『新版　哲学・論理用語辞典』前出）ということである。渡辺一衛は、私たちは日常生活だけではなく、より科学的に見える天気予報や地震の予知の場合も、過去の経験の類推によって予測される性格が強く、「自然科学の知識はすべて、過去の経験を一般化したもの」であり、帰納論理を基礎にしているという。

(5)　国語科で論理的思考を育成する必要がある？

論理的思考の発達を近代以降、俯瞰すると、近代科学が誕生した十七世紀以降、帰納論理が科学の思考法として応用されている。市民社会では次第に科学の思考法によって、物事の正誤を判断するという方法が定着している。これは、科学の発達によって一般化した帰納論理という新しい思考法が、市民社会の形成に寄与したということである。

近代の思考の形成過程は、一直線に思考を推し進めるという演繹論理の思考法から複数の事象を整理する帰納論理の思考法への発展的過程とみることができる。この過程は人間の価値と判断の基準が神が正義を実現するという結果主義の考えから、推論過程を重視するという合理主義に変化した過程でもある。この合理性に基づいて思考する方法を中学生が身につけ、論理的に表現する学習指導が市民社会に求められている。このようなわけで、今後、一層国語科で論理的思考を育成する必要がある。

(6) 明治の文豪の論文例―森鷗外・夏目漱石・寺田寅彦―

構成・段落が明瞭で、優れた論理的文章とはどのようなものなのか、実際の論文で考えていく。森鷗外、夏目漱石、寺田寅彦の文章は論理的文章の代表例である。

① 森鷗外の論文

森鷗外（一八六二〜一九二二年）の『衛生新篇』（第一版が一八九七〈明治二十九〉年、第五版が一九一四〈大正三〉年に出版）について、石田頼房は「医学、なかでも公衆衛生に関する活発な活動を展開」し、「いわゆる戦闘的啓蒙といわれる時期において、最も戦闘的な啓蒙活動をしたのが都市論だった」（『森鷗外の都市論とその時代』日本経済評論社、一九九九年）としている。鷗外は都市計画に関し豊富な知識と的確な見解とを備えていた。

『衛生新篇』の「都市」から（『鷗外全集　三十一巻』岩波書店、一九七四年、以下、旧字体を新字体に直している）引用する。

都住者ハ之ヲ村居者ニ比シテ不健康ナルコトハ古ヨリ人ノ伝唱スル所ナリキ都人ハ概ネ面色蒼白、筋骨薄弱、軽佻浮華、力役ニ堪ヘ難ク、村民ハ之ニ反シ（中略）

新街造設ノ計画

都会ハ活物ナリ日ニ月ニ発育ス故ニ当局者ハ予メ新街造設ノ案ヲ定メ其図ヲ制ス独逸ハ自治団体ヲシテ個人ノ権限ヲ侵シテ造屋ノ並列線ヲ画一ニスルコトヲ得シムルコト既ニ久シ英吉利ノ如キハ之ニ反シ一九一〇年始テ Town planning bill ヲ制定シ公衙ヲシテ個人ノ造屋ニ容喙スルコトヲ得シメタリ是ヨリ先キ英人ハ其私有地区ニ於イテハ自在ニ街衢ヲ開通セシムルコトヲ得タリキ唯街幅ノ制限（四〇乃至五〇呎即一二、一九乃至一五、二四米）ヲ守ルコトヲ要セシノミ

新街造設ノ立案ニ参与スル者ハ一、土工家 Ingenieur 又測地家 Geometer 二、理財家 Nationaloekonom, Volkswirt（中略）

造設ノ大体ヨリ論ズレバ先ヅ居住区 Wohnbezirk ト工業区 Industrieviertel トヲ限画シ公園 œffentliche Parkanlage 及遊戯場 Spielplaetze ヲ存置セザルベカラズ（後略）

段落ごとに一つの事例が明確に示されている名文である。右の文章の傍線箇所「都住者ハ之ヲ村居者ニ比シテ不健康ナルコト」、「都会ハ活物」、「新街造設ノ立案ニ参与スル者」、「造設ノ大体」という語句がキーワードで、段落の初めに全て置かれている。一つの形式段落に一事項を記述するという形式が厳密に守られている。原文では段落の冒頭は一字下げになっているが、句点（「。」）が付されて

いない。無駄な文言がない簡潔で明瞭な文体である。

② 夏目漱石の論文

夏目漱石（一八六七〜一九一六年）は『文学評論』（一九〇九（明治四十二）年に春陽堂から出版する。一九〇五（明治三十八）年九月から一九〇七（明治四十）年三月までの大学の講義「十八世紀英文学」に訂正を加えたもの）で、『ガリバー旅行記』の作者「スヰフト」（『漱石全集　第十九巻』岩波書店、一九五七年）を次のように論じている。

これによつて見るとスヰフトの想像力について吾人の感心すべき点は二つある。一は其奇抜にして常人の夢にも想ひ及ばざる境地を拉し来る事である。今の人の眼から見れば慣れ切つて陳腐の極に見えるけれども、六吋にも足らざる人間が生息してゐる世界を想像するのは奇抜である。（中略）

二には此奇抜なる想像を更に写実的に描き出す想像に感心する。前の丈なら或は吾々にでも考へ付けない事はない。然し考へ付いたところで、それを小人国らしく、又大人国らしく、又馬の世界らしく活かして来ると云ふ段になると到底叶はない。（中略）

まるで幾何学の講義を聞く様である。以上の諸例からしてスヰフトの想像は詩的と云ふよりも寧ろ散文的だと云へる。散文的と云ふよりも寧ろ事実的だと云へる。事実的の極は遂に科学的になる。但し数学的に精密になるといふ丈の意味である。（後略）

漱石の論文は一つの段落が一事項から成り立ち、段落の役割も明確である。引用の第一、二段落で具体的事例が書かれ、キーワードである「其奇抜にして常人の夢にも想ひ及ばざる境地を拉し来る事」「此奇抜なる想像を更に写実的に描き出す想像」が段落の初めの方に示され、一段落を構成している。具体的事例を記述した段落では「一・二」と数値が段落の初めの方に記述されており、数字番号を付けて論文を組み立てるという技術も確立している。

引用の第三段落は考察の役割を担い、前の第一、二段落に書かれた内容を要約し、共通性を示している。キーワードである「事実的の極は遂に科学的になる」が「スヰフト」の「想像力」に関する性質を端的に述べている。

漱石が論文の書き方を熟知していたことは小説と比較するとさらに明らかになる。ほぼ同時代の作品「坊っちゃん」（一九〇六（明治三十九）年『ホトトギス』に発表）から引用する（『漱石全集　第二巻』岩波書店、一九五六年）。

……おれは、なに生意気な事をぬかすな、田舎者の癖にと、いきなり、傍に居た師範生の頭を張りつけてやつた。石が又ひゆうと来る。今度はおれの五分刈の頭を掠めて後ろの方へ飛んで行つた。山嵐はどうなつたか見えない。かうなつちや仕方がない。

「坊っちゃん」と生徒との喧嘩の場面である。喧嘩を止めに入った「坊っちゃん」だが、棒が背中に当たったことをきっかけに、自ら喧嘩に参入していく様子が、会話を中心に生き生きと描かれている。会話や行動描写、独り言とが整然と組み立てられている。このように漱石は、明らかに論理的文章と文学的文章とを書き分けており、それぞれの文体、用語等の役割を熟知していたといえる。

③ 寺田寅彦の論文

寺田寅彦（一八七八～一九三五年）は日常の現象や物理学の理論等を、平易な言葉で説明している。次に「地球の剛性に関する学説」（『寺田寅彦全集　第十四巻』岩波書店、一九九八年）を引用する。

……昨年から今年へかけてこれらの疑問に多少の光明を与えるような学説が二、三発表されたので、これを簡単に御紹介しておきたい。

第一には英国のエー・イー・エッチ・ラヴ氏の Some Problems of Geodynamics と題した論文集である。その中で上述の問題に関する主要な点と思われるのは次の通りである。（中略）

第二は以前からこれらの問題の専門家として知られたドイツのシュワイダー氏の論文である。同氏は従来潮汐及び緯度変化に基づく計算の方法の欠点を指摘し、この修正を試みている。（中略）

次に最近に現われたのは京都理工科大学の志田教授の論文である。同氏は前総長菊池男爵の経営によって設立された上加茂の観測所において観測された水平振子の結果を纏めて有益な結果を発表されたのである。（中略）

以上の諸説を綜合して考えると、地球全体平均の剛性はほぼ鋼鉄などの二倍ないし三倍半程度のものであるらしい。（後略）

第一段落に序論、第二、三、四段落に具体的事例、第五段落に考察を記述している。論文の構成が形式どおりで、一段落一事項の原則も守られている。また、形式段落と意味段落とが一致している論文である。三つの具体的事例と考察「地球全体平均の剛性は……」とがよく結びついている。

●第三章● 論理的文章についての常識・非常識

1 文法を知っていると文章が楽に書ける?―きりっとした文章を書くには―

文法を学習させると、文章をすらすら書けると思っている中・高・大学の先生方は意外に多い。ところが、文法はそのような目的をもっていない。日本で文法が作られたのは、明治時代に西欧から「グラマー」という名の学問が輸入され、日本でも同様の日本語が組織的に組み立てられているという証拠を見せる必要があったからである。帝国大学の先生方が比較言語学の観点から作り上げたのが国語学であり、文法であった(安田敏朗『「国語」の近代史』中公新書、二〇〇六年)。

日本語の現代文法の現在の段階は、古典文法の形式を借りて単語の働きを系統化して示したものである。特に、付属語は単語という単位をどのように限定するかに異説が複数あり、国語学の定説は成立していない。日本語の現代文法は、多様な文章を説明する機能も、書き方を指示する能力も備えていない。文章相互の関係や、文章全体の組み立て方の指導は文法の役割ではない。きりっとした文章を書くには文法の知識はいらないということである。

2　文章を書くには文学的センスが必要か?――文章は書いていくうちに発展する?――

夏目漱石の「草枕」は「山路を登りながら、こう考えた。／智に働けば角が立つ。情に棹させば流される。意地を通せば窮屈だ。とかくに人の世は住みにくい」で始まる。森鷗外の「最後の一句」は「元文三年十一月二十三日の事である。大阪で、船乗業桂屋太郎兵衛と云ふものを、木津川口で三日間曝した上、斬罪に處すると、高札に書いて立てられた」が冒頭である。

小説の冒頭は名文が多く、後世に残っている。文学作品は文章の初めから書き、結末に進むにつれ、発展することもあり得る。新聞小説がよい例である。

それに対し、論理的文章は結論が決定してから書き始め、序論を最後に記述する。本論である具体的事例（「なか」）と考察（「まとめ」）を初めに書く。書き進むうちに内容が発展していくことはない。思いつきで文章を変更すると、論旨が一貫しなくなり、論文として成り立たなくなる。

論理的文章の文体は簡潔・明瞭に尽きる。「かけがえのない友人」「何ものにも代えられない貴重な体験」「厳しい現実が目前に迫る」等の文学的な美文や、大げさな言い回し、華やかな比喩等は論理的文章では不要である。このように、論理的文章と文学的文章では異なる機能や性質をもっている。

ただ一点、一つの場面の事実を詳しく書くとき、描写に近い文体が現れることがある。

3 「こと」・「もの」は具体的にいい換えよう

「忘れていたことって何?」「こういうものがほしかった」「そんなこと、言っていないよ」と、日常の会話では「こと・もの」を頻繁に使う。先の「こと・もの」といい換えると、「忘れていた仕事や用事」「こういう服や靴」「そんな言い訳や悪口」となるだろう。親しい間柄では物事を詳しく言わず、ぼんやりとした表現でも十分に意味が分かり、会話を楽しめる。

ところが、論理的文章では「こと・もの」が多くなると、内容が漠然とし、大雑把で雑な書き方になる。学習指導案で次のような文章を見かける。「生徒が振り返ること(学習)で、理解を深めること(学習)ができる」「文学を読むこと(行為)は、作者の思考を探ること(行動)につながる」「文学はそもそも楽しく読むもの(対象)で、教師が解説すること(不要な語)や、説明すること(不要な語)は必要ないもの(不要な語)である」。丸括弧内は「こと・もの」を名詞に置き換えてみた。

このように、論理的文章を書く準備として、「こと・もの」を名詞に置き換える練習が大切である。

4 便利な言葉「要点を押さえる」「活性化」を使わない

学習指導案の指導上の留意点に登場する「要点を押さえる」は便利な言葉で、具体的な内容を多く含んでいる。「教師が要点を黒板に書き、生徒がノートに写す」「生徒が赤線を引く」「口頭で要点を述べる」「プリントに示した要点を音読する」など、具体的にどのように指導するのかが不明瞭である。「押さえる」と同様に便利な言葉に「深める・親しむ・捉える・つながる・踏まえる・触れる・膨らませる・扱う・流す・振り返る・気をつける」などがある。一見すると平易で具体的な内容を示しているようであるが、指導の実体がはっきりしない、抽象的な言葉である。

やさしい単語で概念や名称を表現した教育用語に「授業の流れ・声かけ・学習の価値づけ・雰囲気づくり・お気に入り」などがある。これらの教育用語は定義が不明確なまま、多様な場面で使い手が自分の解釈で使うため、漠然とし、多くの内容を含ませている。このような単語は形があって実質を伴わない流行語と考え、論理的文章を書くときには使用しない。

この種の教育界の流行語には「知識基盤社会」「活性化」「深い学び」「主体的な読み」「豊かな言語生活」がある。これらの便利な言葉を使わないと、文章を書くとき、一言一言自分の言葉を探し出すことになる。次第に個性的に表現できるようになり、文体が確立していくのである。

5　バイアス・ワード（傾向語）にだまされない

人間は言葉で物事を考える。人間が物事を考えるときには絶えず物事に名前をつけて判断しており、これを名づけと呼ぶ。名づけは事実を表現するための基礎になる。

名づけには個人の判断が必ず含まれている。このことは、「夢中になる」と「熱中する」という言葉を比較し、事例を集めると理解しやすい。「夢中になる」の事例には、「カードゲーム・けんか・あんなヤツ」などがある。一方、「熱中する」の事例には、「サッカー・切手収集・試験勉強」がある。「夢中」は価値の低い事例に使われ、反対に「熱中」は価値の高い事例に使われる傾向がある。

Ａ　吉田さんは無気力な子どもだ。
Ｂ　吉田さんは落ち着いた子どもだ。

傍線がバイアス（傾向・価値観）を含んだ言葉である。「無気力な」は否定的な価値観を含み、「落ち着いた」は肯定的な価値観を含んでいる。論理的文章の具体的事例を記述するときは使わない。信頼している人物と話し合うときには、率直な意見を言う態度が尊敬される。話し合いでは多様な考えをもった人が各自の立場をはっきり述べ合うのがルールである。発言では初めに結論をはっきりと決め、部分的な言い方に一定の方針でバイアス・ワードを使うと、聞き手が納得する話し方になる。外部講師の先生が授業を見た後、「元気のいい、活発なクラスですね」と褒めたとき、「落ち着かない、集中しないクラス」と言われたと考えた方がいい。バイアス・ワードを使った話し方に、うっかりだまされないように注意する。

6　句読点の付け方

句点とは「。」のことで、一つの文を完全に言い切ったところに用いる。日本語は文の終結が分かりやすいので、鷗外の論文（31頁参照）では省略している。

「、」は読点といい、文部省編「国語の書き表わし方」（昭和二十五年十二月刊の付録）によると、

「文の中で、ことばの切れ続きを明らかにしないと、誤解の恐れのあるところに用いる」としている。「対等の関係で並ぶ同じ種類の語句の間に用いる。ただし、題目や標語、簡単な語句を並べる場合にはつけない」と続く。「誤解の恐れのあるところ」がはっきりしないので、教室では例文を使って教えると効果的である。（70頁「小論文の書き方」プリント参照）

生徒は「、」を楽譜の息継ぎと同様に、音読の息継ぎ記号と勘違いして、「、」がある度に休もうとする。「、」は文を正確に理解するための意味の区切れ目であることを繰り返し教える。

7　抽象概念は漢字のおかげ

漢字には音読み、訓読み、重箱読み、湯桶読み、熟字訓などの多くの読み方が存在する。一つの熟語が複数の読み方をもつものもあり（「草原」ソウゲン・くさはら、「二重」ニジュウ・ふたえ）、教師が音声によって一つ一つの読み方を丁寧に確認していく。

「とる」には「取る・採る・捕る・執る・撮る」という同訓異字がたくさんある。これは「とる」という言葉一つで表されていた行為が、社会の発達につれて分化して、詳しく言い表す必要が生まれ、訓はそのままにして文字で区別する方法で対応したためである。

漢熟語の多くは、明治初期、留学経験のある知識人（福沢諭吉、西周等）が西欧語の一語一語を漢熟語に翻訳した。この時代の漢熟語の成立により、日本人は片仮名だらけの文章から免れ、西欧諸国からの新しい学問（医学、物理学、生物学、哲学、政治学、経済学等）の抽象概念を早く、正確に学習することができた。

日本語の平仮名、片仮名、漢字の3種類の使い分け（書き分け）は世界に類例のない難しい規則である。これを小学1年から繰り返し教えていく。平仮名、片仮名、漢字の3種類は世界の言語の中で最も多い文字数でもある。この区別に基づく表記は大変難しいので、丁寧に指導する必要がある。

8　文体は個性の始まり

生徒一人一人に独創的で、個性的な文章を書かせたい、と願う国語科の先生方は多い。このような先生方は型どおりで、枠にはまった文章は想像力の欠如と考え、自由な発想を大切にした、キラッと光る文章にしたいと思われているようだ。

表現には個性がつきものである。精緻に考える人は緻密な文章を書き、雑に考える人は粗い文章を、情熱的な人は力のこもった文章を、冷静な人は事実を淡々と書く。「文は人なり」である。優れた文章には確立した文体があり、それが個性の始まりといえる。文学に限らず、論理的文章も同様である。

経済学者の森嶋通夫の文章を引用する。一九九〇年代末に五十年後の日本の状況を次のように予測している（『なぜ日本は没落するか』二〇一〇年、岩波現代文庫）。


一九九八年の現時点で二〇五〇年の日本の状態を予測するということは、時間的には一九二九年――ニューヨーク株式が大暴落して世界大恐慌が始まった年――に一九八一年を予測するのと同じことである。（中略）

このような社会の動きを、人口という土台の動きから導きだす思考は、人口史観と呼んで差し支えないであろう。人口史観で一番重要な役割を演じるのは、経済学ではなく教育学である。そして人口の量的、質的構成が決定されるならば、そのような人口でどのような経済を営み得るかを考えることが出来る。土台の質が悪ければ、経済の効率も悪く、日本が没落するであろうことは言うまでもない。私はこういう方法にのっとって、没落を予言したのである。

「私の方法論」という節の冒頭と結末を取り出した。「中略」部分には「人口の量的、質的構成」を詳しく述べている。結末は「人口史観↓教育学↓量的、質的構成の決定↓経済の営み↓日本が没落↓没落を予言」と、筆者の主張を整然と並べている。隙のない緻密な文体で、説得力がある。優れた論理的文章では筆者の壮大な研究や豊富な経験が多いに関係している。

生徒の書く文章に個性を求める学習は、高度な内容になる。中学生は基本的な構成を備えた文章を書ければ十分で、独自の表現方法は大学を卒業した後、身につければよいと考えている。

●第四章●

だれにでも教えることができる「書くこと」の授業の基礎

1 「小論文」は自然科学論文の初歩である

(1) 生活作文と小論文との違い

戦後から今日にかけて「書くこと（作文）」の指導の大部分は、生活作文の指導であった。生活作文は具体的指導と客観的な評価の観点をもたず、文学的表現を重視した。実用的な文章を軽んじた結果、生徒の文章表現力は伸張しなかったととらえている。

渋谷孝は、「『書くことがない』『どう書いていいか分からない』という児童・生徒に対する具体的指導の手だて（中略）は『実用的である』『価値のない題材』として軽視された」（『作文教材の新しい教え方』明治図書、二〇〇一年）と述べている。生活作文は文学的文章を書くことが最終的な目的とされ、文学的表現に価値を求め、生活の実感を率直に述べ、感動的な内容が重視された。日常生活での言語を正確かつ的確に表現する力の育成は目指していなかった。日常生活を論理的に書く学習と生活作文とは、目標とする文章観が全く異なる。

一方、田中宏幸はここ十年間の「書くこと」の学習指導研究について「どのような思考力や認識力を育てているのかという点（中略）の内実がまだ明らかになってはいない」とし、「評価の研究も今後の大きな課題となっている」（『国語科教育学研究の成果と展望　Ⅱ』学芸図書、二〇一三年）としている。

このような経緯から、中学生はこれまで事実に基づいて自分の考えを的確に書くという指導をほとんど受けていない。ここ数年、全国学力・学習状況調査で繰り返し指摘されても、生徒が論理的に記述できないのは国語科の教材文、学習内容、指導方法等が原因である。

(2)　小論文は科学論文の書き方指導書に学ぶべし

これからの中学国語科授業では、論理的文章を「書く」ために読むという指導が重要である。生徒に書かせる論理的文章とは現実を対象にし、そこから筆者の考えを基に事実を複数取り出し、その事実から考察や結論を導く過程を表現した文章のことである。このように規定すると、その書き方では科学論文の書き方が示唆を与えてくれる。小論文は自然科学論文の初歩ということができる。

高等学校国語科では文学的文章教材の指導に多くの時間を割くため、大学の理科系研究室は文章の書き方が重要な指導として位置づけられている。科学論文の書き方の指導書は現在、かなりの数が出版されている。そのうちの数十冊を検討したところ、中学生が小論文を書くとき、指導の効果が期待できる学習項目を含んでいることが明らかになった。

科学論文の代表的な書籍を検討した結果、初版の一九二九（昭和四）年の刊行以後、支持を得ている田中義麿・田中潔『科学論文の書き方』（裳華房）、及び田中潔によるその後継書『実用的な科学論文の書き方』（裳華房、一九八三年）、『手ぎわよい科学論文の仕上げ方　第2版』（共立出版、一九九四年）が最も参考になった。そのため論理的文章の読み方・書き方に援用することとした。田中潔は『科学論文の書き方』の「序」で、一九八〇年当時「論文作成のための手引きが必要なことは今も昔と変わらない。それは本書が初版以来約半世紀を経てなお需要が絶えないことからも推測できる」としている。国語教科書では、この「論文作成のための手引き」に当たる教材を見つけることができなかった。

小論文は科学論文の書き方指導書に学んでいる。科学論文を構成する「文章構成・段落とキーワード・事実の書き方」という要素を中学生の小論文の学習事項に援用する。

①　文章構成

田中潔によれば、論文内容の分け方（章区分）として「最も一般的な見出しと順序」（『実用的な科学論文の書き方』前出）に次のようなものがある。

ⅰ題名、ⅱ著者名、ⅲ緒言、ⅳ研究方法、ⅴ研究結果、ⅵ考察、ⅶ結論、ⅷ総括、ⅸ文献

これら論文内容の順序が論理的文章の書き方そのものになっている。「ⅲ緒言、ⅳ研究方法、ⅴ研究結果、ⅵ考察、ⅶ結論、ⅷ総括」は書く対象となる事物・事象が異なったとしても、必要な項目ということができる。

②　段落とキーワード

田中潔は「1パラグラフは一つの話題だけを含むもの」（前掲同書）とパラグラフの概念を規定して

いる。物事を正確に論理的に考えたり、表現したりするためには、思考の対象を周囲の雑多なものから切り離して、独立させる必要がある。独立させると、初めて固有の名称をつけることができる。この一つの話題を「キーワード」とし、一つの述語とともに一段落に一つ置くという原則が論理的文章の条件である。このことを中学国語科授業で指導することはほとんどない。それは国語教科書の論理的文章教材では読みやすさを優先させた短い形式段落が多用されて、一つの段落の中で一つの主要概念を指定できない文章が多いからである。

③　事実の書き方

研究方法や研究結果の書き方について、田中潔は次のように述べている。（『手ぎわよい科学論文の仕上げ方　第2版』前出）

自然科学の研究で最も多く使われる研究方法（methods）は実験で、次いで自然の観察や調査がある。（中略）

研究方法は、他の研究者が同じことを追試できるように、正確に記述する必要がある。（中略）

研究方法は日常の仕事の記述にすぎないため、書きやすい反面、うっかりすると必要事項を書き落とす。それを防ぐためには、小項目に分けてぬかりなく述べていくがよい。（後略）

研究方法を確実に記述するために、田中潔は「小項目」に分けた書き方を示している。研究結果の記述の注意点について、「結果（results）の内容をいくつかの項目に分けることができるならば、まず分類して各項ごとに書く」ことを挙げている。

「実験的研究の場合にみられる小項目」を次のように例示している（一部を抜粋）。

学問領域	小項目の具体例
共通	材料、試料、試料作製法、装置、測定装置、機械、試験機械、測定法、試験法、記録法、計算法、実験条件（温度、場所、季節、天候、湿度、気圧、時刻、光度など）、判定基準

研究方法を正確に記述する手だてとして、田中潔は「必要事項」を確実に書くために、「小項目」に分けた書き方を提案している。項目に分けて客観的に事実を記述するという方法は、具体的事例の書き方といい換えることができる。

科学論文の書き方指導書で確認した「文章構成・段落とキーワード・事実の書き方」という項目を、中学生の論理的文章の学習事項として、次のように設定している。これらは論理的文章を読む学習で身につけることができる。

i　文章構成を確認する。
ii　段落の役割や効果に気づく。
iii　段落からキーワードを取り出す。
iv　論理的思考の組み立て（複数の具体的事例と考察の関係）を理解する。
v　事実の書き方を知る。

2 「小論文」の書き方指導を始めるために

(1) 教科書の論理的文章を読む

① これまでの論理的文章を読む学習の問題点

これまでの中・高等学校の国語科授業の論理的文章を読む学習では、語句・文章の断片的な説明に終始していた。論理的文章の学習は学年が進むと文章中の言葉が抽象化するだけで、指導自体の目標が明示されることがほとんどなかった。これは「読むこと」自体が高度な教養であるとされた日本の二十世紀の教養主義の遺物である。二十一世紀は論理的思考力によって発信を目指す教育が重要であるから、「書く」ために読むという指導を目指す必要がある。

論理的文章を書くためには、論理的文章を的確に読む力が必須である。「書く」ために読むという指導目標を設定すると、学習の全体像が明確になる。

② 教科書の論理的文章教材の課題

平成二十八年度版中学国語教科書の論理的文章教材5社全てを確認したところ、以下のような課題がある。

第一に、最新の科学的情報を話題とした文章が多い。教科書会社には、論理的文章教材は最近の話題がよいという思い込みがあるようだ。そのため、教科書を絶対的教材と考える教師は最新の科学的情報を教える学習が、論理的文章の重要な指導と勘違いする。

第二に、学年が進むと、教材で扱うテーマが抽象的になる。抽象度が上がると、構成が不明瞭で、筆者の連想で展開する文章になりがちである。言葉を言葉で説明した演繹論理で構成された文章は観念的な内容になり、教師の難語句の解説に授業の大半を使う。

(2) 中学生が書いた「小論文」を読む

教科書の論理的文章教材は文章が長く、構成が複雑で、一目で全体像が把握しにくいという問題がある。構成が整い、段落の役割が明確で、段落ごとのキーワードの一つを適切に取り出せる文章を、「書く」学習のお手本にできるとよい。身近な題材であると、生徒はお手本となる教材を躊躇なく真似することがよくある。このような教材として有効なのが生徒が書いた小論文である。

① 中学1年の書いた「小論文」

ⅰ 題名「交流ができたウォーキング大会」（報告）

四月二十日に埼玉県東松山市のウォーキング大会に参加して二十キロメートルを歩いた。

歩いているときに秋田県から参加していた五十代のおじさんと話をした。おじさんは今年で三回目の参加になるとのことだった。私は小学三年から参加していることや、松山の伝説コースが一番きついことを話した。おじさんは秋田県のきりたんぽという郷土料理や横手のかまくらの話をしてくれた。

オランダ人のカップルとも話をした。私が英語で「どこから来ましたか。」と声をかけると、女性が「オランダから来ました。今年で二回目の参加です。」と上手な日本語で答えた。二人は大学で日本語を専攻していると言った。「ぜひ、今度はオランダにもおいで。」と言ってくれた。

ウォーキング大会で各地から来た人と交流ができて、とても楽しかった。

ⅱ 題名「大変な手伝い」（報告）

小学生の頃から、二つの家の手伝いを続けている。

冬になると、玄関の前に雪が二、三十センチメートルぐらい積もる。休日、昼ご飯を食べてから、プラスチックのスコップで、玄関から門までを雪かきする。しばらく雪かきをすると、手袋に雪の水が染みこんで、指先が冷たくなってくる。そうしたら、つるはしで氷を割って、道の脇に積み上げていく。

休日の昼に、犬の散歩をしている。小学一年の頃は犬と家の回りを二周ほどしていた。犬が急に走り出すので、自分も犬の後を走っている。犬は柴犬で自分よりも速くて、追いつけない。一キロメートルほどの距離の散歩だが、犬がすぐにバテて、走るのをやめてしまうので、二十分ほどかかっている。

どちらもとても大変だ。終わったら親に「ありがとう。」と言われた。

② 中学2年の書いた「小論文」

i 題名「コミュニケーションをとる手段」（報告）

九月二十五日にあった運動会で百足（むかで）と、全員リレーに出場した。

男子八人で百足のグループを作った。放課後、四回ぐらい練習した。百足の問題は、八人の歩幅だった。身長が一番低い山本君と一番高い吉田君では、二十センチメートルの身長差があった。練習を重ねているうちに、みんなの足と声がそろい、歩幅も身長差も感じないほど成長した。

全員リレーはバトンパスの練習を行った。自分は、二十六番目を走るので、前の走者の阿部さんと十五回ぐらい繰り返した。「ゴー」という声でリードを始め、「ハイ」という声でバトンを受け渡す練習をした。この声をかけることによってリードを五メートルはとることができる。

声をかけることによって百足とバトンパスのタイミングが合うようになった。

ii 題名「家族の苦労」（論説）

夏休みの間、普段家族が行っている家事をした。

家中の床のぞうきんがけを行った。リビングや寝室、台所などの床を水ぶきした後に、また乾いたぞうきんで、乾ぶきをする。この仕事は普段兄が週に一回担当している。私は家のぞうきんがけをしたのは初めてだった。そのときに、ほこりが舞っていたため、何度も何度もむせた。

夏休みには庭の植物の水やりをした。庭は教室ぐらいの広さがあり、ジョウロ一杯分の水では全然足りない。何回も水をくむことになった。この仕事は普段弟が担当している。ジョウロを持って、玄関の脇の水道場所から、庭の端まで、何回も行ったり来たりしたため筋肉痛になった。

普段家族が行っている家事は、思っている以上に大変だった。

人には人の苦労があるので、役割を替えることで人の苦労を知ることができる。

③ 中学3年の書いた「小論文」

ⅰ 題名「効果的な勉強方法」（報告）

自分だけの勉強方法を探しながら、テストへ向けて勉強した。

暗記する教科は自分でノート作りをし、覚えることにした。理科や社会、技術・家庭科、保健体育、音楽といった教科は練習問題を解くことに加えて自分でまとめたノートを作った。覚えたい所を黄色で書き、赤シートを使って隠せるようにした。寝る前に一回読み直し、だんだんと覚えることができた。

朝、学校に行く前に勉強するようにした。午前五時や六時に目覚ましをかけ、前日に終わらなかった分と、その日に行う課題を片づける。家で起きているのが私だけなので、計画通りに進んだ。夜中に眠気を感じながら勉強するより、眠たいときには寝て、その分早起きして朝勉強する方がはかどった。

自分に合った一番よい勉強方法を探して、効率的に勉強することができた。

ⅱ 題名「長所を生かす」（論説）

家で頼まれる手伝いは高いところの掃除と、リビングのセッティングである。

我が家の乾燥機は、洗濯機より一段上にあり、高い場所にある。乾燥機の奥にフィルターがついている。フィルターにはほこりが吸いつき、月に一回は掃除をしないと、故障の原因になる。そのため、私がゴム手袋をして、手を突っ込み、フィルターを外して掃除をしている。

母は自宅で小・中学生対象の塾を経営している。団欒の場所である家のリビングは、塾の時間、机や椅子だけの教室になる。そのためテレビを出したり、机と椅子を並べたりするなどして、リビングを塾の教室に変えている。住居のときと、教室のときとでは、部屋の役割が変わる。

二つの手伝いは、家族の中で私が一番背が高く、力があるからできる。

このように、個人それぞれの長所を生かすと、手伝いは効率的に早く進む。

(3) 文章構成「はじめ・なか1・なか2・まとめ」に気づく

生徒の小論文を教室で一斉音読する。生徒は同年代が書いた小論文を繰り返し音読していくうちに、「はじめ・なか1・なか2・まとめ」（市毛勝雄『小論文の書き方指導』明治図書、二〇一〇年）という構成に自然と気づくのが理想である。そのため、教師は小論文学習が終わる度に、優れた生徒作品を複数コピーし、保管しておく。音読する小論文は、同学年か下の学年の小論文が望ましい。上の学年の作品や、高尚なテーマの文章より、生徒は活用しやすい。生徒に「こういう文章なら自分でも書けそうだ」と思わせることが指導のコツである。

「はじめ・なか1・なか2・まとめ」という文言は小学生用の学習用語で、中学生には幼稚だと思われる先生がいるかもしれない。「序論・本論・考察・結論」を用いず、小学生が使う用語で生徒に論理的文章を教える指導に意味がある。論理的文章の背景には中学生には理解できない概念（例、敬体・常体）がたくさん使われているので、説明を始めるときりがなくなる。高校生以上に成長したとき、論理的文章の背景に存在する概念にようやく気づき、論理的文章学習の意義が理解できる。こういうわけで、抽象的な言葉より簡単な言葉を使う方が論理的文章の概念を身につけることができる。

●第五章● クラス全員が必ず書けるようになる「書くこと」の授業

1 報告の書き方編

論理的文章を以下のように「記録・報告・論説・説明」に分けると、国語科授業に取り入れやすい。

記録……観察した事実を時間通りに語句、文等で記述したものをいう。例、日記、日誌、観察記録、実験記録

報告……観察、記録等を組織的に組み立てて、新しい一連の現象、事象の意義を述べたものをいう。レポートともいう。自然科学の論文は全てこれで、自然科学の分野ごとに専門誌が存在している。共通している形式は「はじめ・なか1・なか2・なか3・……・まとめ（考察）」である。「事実」の記述は文章、写真、スケッチ等がある。新事実の発見報告が最も尊重される。新事実の発見を「追試・確認」した報告も尊重される。

論説……記録、報告による事実を数多く記述して、その要約の後に筆者の主張を述べたもので、新聞の社説、月刊雑誌の論説記事、経済学、教育学、社会学などの論文等がそれである。「は

じめ・なか1・なか2・……・まとめ・むすび（主張）」の形式が多い。

説明……新製品、新機能をだれにも分かりやすく記述した文章等で、プレゼンテーションといわれることもある。「はじめ・なか1・なか2・……・まとめ」の形式が多い。

(1) 報告は学校行事が適している

中学の小論文指導は、報告の文章を書く学習を中心にする。中学1年から3年まで、一年間で5課題（各4時間）、小論文指導を繰り返す。中学生は自分自身が経験し、学級で共有した体験である遠足、運動会、修学旅行などの学校行事や、当番活動、係・委員会活動等をテーマにする。共有した体験であると、書く材料を教室で話し合ったり、確認したりすることができるからである。

生徒が未経験の内容をテーマにすると、調べた資料をそのまま書き写すことになる。先行文献の意義を理解し、それを資料として引用・解釈し、自分の考えを構成できるのは大学生以上である。

(2) 授業時数

新学習指導要領国語には「書くこと」の授業時数が次のように示されている。
中学1年……30～40単位時間程度／140時間
中学2年……30～40単位時間程度／140時間
中学3年……20～30単位時間程度／105時間
小論文の学習に年間で20時間（4時間×5課題）ずつ充てる。後の時間は他の書く学習を行う。

(3)　国語教科書の「書くこと」の単元の扱い方

国語教科書の「書くこと」の単元を、文章構成、段落とキーワード、事実の書き方という3点で確認した。平成二十八年度中学国語教科書3社（東京書籍・16単元、教育出版・15単元、光村図書・13単元）の44単元を対象にすると、次のような傾向がみられた。

①　教科書単元ごとに異なる文章構成を指導している。

②　段落の書き方を教えていない。

③　事実の書き方を具体的な例に基づき、説明していない。

④　多様な種類の文章の創作活動を重視している。

多様な種類の文章を「書く」学習を重視すると、言語活動が優先され、書き方を身につけることができない。このような「書くこと」の単元の課題を補足する学習が、小論文の書き方指導である。

教科書の「書くこと」の単元は教材文を音読し、新出漢字や難語句を確認し、終えるという学習方法がある。(4)に示す小論文学習へ差し替えることを勧める。小論文学習に変更しないで、教科書の順番どおりに教えてほしいという保護者や生徒からの要望を今のところ聞いたことがない。

(4)　3年間の学習計画

報告（論説）の文章を書く学習計画は次表のとおりである。各学校の行事に合わせ、入れ替える。

	第1単元	第2単元	第3単元	第4単元	第5単元
1年	家の手伝い	運動会	遠足	当番活動	中学1年の思い出
2年	家の手伝い	運動会	林間学校	当番活動	中学2年の思い出
3年	家の手伝い	運動会	修学旅行	当番活動（論説）	中学の思い出（論説）

(5) 小論文学習の全体像

小論文学習の目標、計画、主な発問、教材などを示す。小・中・高等学校共通である。

① 学習目標

i 小論文の文章構成を知る。
ii 各段落が固有の役割をもっていることを知る。
iii 各段落の役割に適した文章を書く。

② 学習計画（4時間扱い）

第1時
1 論理的文章の書き方プリントを読む。
2 テーマについて構想をもち、書き方ワークに「考察・具体的事例1・2」のキーワードを書く。
3 黒板で添削され、評価を受ける。

第2時　4　キーワード表から「具体的事例1・2・考察」を各1行の文（一次原稿）で書く。
5　黒板で添削され、評価を受ける。
第3時　6　推敲プリントを通して、推敲・評価の観点を知る。
7　少し詳しい文章（二次原稿）を書く。
8　黒板で添削され、評価を受ける。
9　書き方ワーク・一次原稿・二次原稿を教師に提出する。
第4時　10　小論文の音読（教師）を聞き、その評価を話し合う。
11　それぞれの小論文が返却される。

③　主な発問・指示及び評価

【第1時】

1　小論文「家の手伝い」を書く学習をします。（「小論文　家の手伝い」板書）

2　声をそろえて（板書を）読みましょう。ハイ（原稿用紙を配布する）。

3　原稿用紙の1行目は空けて、2行目に名前を書きます。

4　赤線を2行・2行・7行・7行・2行の間に引きます。引いたら行数を確かめましょう。

5　上段のマスのない白い所に、初めの2行は空けておきます。次の2行

【解説】

1　第1、2時は指導事項が多い。

2　生徒に原稿用紙を持参させてもよい。

4　赤線を引いた原稿用紙を黒板に貼って説明する。初回は時間がかかるが、

に「はじめ」、次の7行「なか1」、次の7行「なか2」、次の2行「まとめ」と書きます。

6　でき上がったらしまいましょう。

7　プリント「小論文の書き方」を配ります。

8　「1　文章形式」を見てください。この表はこう読みます。「1　文章形式、400字の小論文の例、段落の名前、役割、文字数、はじめ、……2行（40字）以内。」

9　声をそろえて「1　文章形式」ハイ。（一斉音読）よく読めました。こういう形式と段落をもった文章を「小論文」といいます。

10　次に進みます。「2」は難しいので飛ばして、「3　キーワード表」を見ましょう。ここを読みます。「テーマ、夏休み……楽しかった。④、まとめ」

11　声をそろえて読みます。「テーマ……」ハイ。上手に読めました。

12　次に、キーワードの練習をします。上の欄にキーワード表があります。その表の空いている欄に「お祭り」の中のキーワードを書きます。①段落のキーワードは何ですか。皆さんで言いましょう。【解　お祭り】ハイ、当たりです。書き込みなさい。

13　②段落のキーワードは何ですか。言いましょう。「お面」ハイ、当た

生徒に行わせる。赤線を印刷した原稿用紙は使わない方がよい。自分で確認しながら、赤線を引くことで、段落の長さを意識できるようになる。

赤線を間違えたら新しい原稿用紙に引かせる。

8　すらすら一斉音読させる。「1　文章形式」の表を読む。約束事が多いが、これが役に立つのは第3時である。

9　一斉音読の後は必ず褒める。

11　必ず褒める。

12　記入させ、確認する。

13　記入させ、確認する。

りです。書きなさい。

14　③段落のキーワードは何ですか。「焼きそば」ハイ。当たりです。書きなさい。

15　④段落のキーワードは何ですか。「楽しかった」ハイ。当たりです。書きなさい。

16　プリント「小論文の書き方」をしまいなさい。

17　「小論文書き方ワーク」を配ります。クラス、番号、氏名を書きなさい。（「小論文書き方ワーク」板書）今日書く小論文のテーマは何ですか。「家の手伝い」でしたね。小論文書き方ワークの上段にテーマを書くところがあります。書きましょう。

18　次に「キーワード表」に家の手伝いでしたことを書きます。「風呂掃除」や「食器洗い」など、いろいろありますね。書きましょう（5分間書かせる）。

19　次の「まとめの表」を書くとき、考えることがあります。下の段の課題で考えましょう。「①」から読みます。ハイ。

20　正しいものはどれですか。話し合いましょう（5分程度話し合う）。

21　①はどうですか。「○」です。

22　②はどうですか。「金魚をすくった」が「×」です。

14　記入させ、確認する。

15　記入させ、確認する。

17　この前後の学習も、約束事が多い。

18　机間指導をしながら、「キーワード表」の手伝いを読み上げていく。

19　①から④まで続けて一斉音読する。他の問題と比較して考えた方が分かりやすい。

20　各問とも説明すると難

③は、「焼きそばを食べた」が「×」です。
④は、「〇」です。

23 これが「まとめの表」の書き方です。書いてみましょう（10分ほど机間指導する）。

24 Aさん、「まとめの表」を黒板に書いて来なさい。Bさん、Cさん、……（5人程度、板書させる）。

25 （生徒が書いた板書を音読して）皆さん上手に書けました（黄チョークで大きい「〇」をつける）。

26 小論文の書き方を学習しました。小論文書き方ワーク・原稿用紙に氏名を書き、提出しなさい。

27 次の時間は小論文の文章を書きます。

第1時の評価

1 小論文の段落・キーワードに関心をもったか。
2 小論文書き方ワークにキーワードを書くことができたか。

【第2時】

1 「家の手伝い」を書く学習をします。（「小論文　家の手伝い」板書）
2 声をそろえて（板書を）読みましょう。ハイ。

しくなる。「〇（当たり）、×（外れ）」で進めるのがよい。

24 黄チョークで大きい「〇」をつけて、教師が音読して褒める。内容を修正するときは、「〇」をつけたまま修正する。誤字脱字等を添え書きする。

26 本格的指導は第2時以降である。今回は書くだけでよしとする。提出用紙は全て、教師が預かる。

【解説】

1 第2時も指導事項が多い。一つ一つ板書を使い

3　小論文書き方ワーク・原稿用紙を返します。……さん、……さん、……。

4　小論文書き方ワークの「キーワード表」に、家の手伝いの語句を三つ以上書けましたか。

5　「まとめの表」の「まとめ」には「楽しかった、大変だった」などの感想の語句を先に書きましょう。

6　次に「まとめ」に合う語句を選んで、「なか1、なか2」に書きなさい。

7　「まとめの表」ができた人は手を挙げなさい。先生が行って、大きな「○」をつけます（机間指導で○をつけて歩く）。

8　Dさん、あなたの書いた「なか1、なか2、まとめ」の語句を黒板に書いて来なさい。Eさん、Fさん、……（10人程度、板書させる）。

9　考え中の人も少しやめて、先生の話を聞きましょう。これからの学習の話です。原稿用紙を出しなさい。一次原稿といいます。

10　「まとめの表」の「なか1、なか2」の語句を、原稿用紙の各段落の赤線の中に1行以内の文章にして書きます。

11　「まとめ」も1行以内の文章で書きます。

12　「なか1、なか2、まとめ」の文が、各段落の赤線の中に3行とも書

ながら、確認する。

4　「書けました」という生徒の声を確認する。

7　生徒を教卓の前に並ばせない。教室の緊張感がなくなり、騒がしくなる。

9　大きな「○」が数人ついた頃に説明する。

10　「『なか、まとめ』は2行以上書いてはいけません」と言ってもよい。

12　各段落の中は1行の文

けたら、手を挙げなさい。

13　三つ「〇」がついたら別の原稿用紙を渡します。二次原稿といいます。

14　二次原稿に赤線を4本引きなさい。「題名と氏名」2行、「はじめ」2行、「なか1」7行、「なか2」7行、「まとめ」2行。

15　各段落を詳しく書くための書き方を学習します。「小論文の書き方」プリントを出しなさい。

16　「4　小論文を書くときの注意」に文章の詳しい書き方が書いてあります。

17　先生が読みます。「(1)　『です、ます』を使わず、『である』を使う。『楽しかったです。』のように幼稚な文になるから」こういうふうにすらすら読みます。

18　では声をそろえてすらすら読みます。「(1)　『です、ます』を使わず……。」ハイ。（一斉音読）ハイ、上手です。

19　その調子で(8)・⑥まで読みましょう。「(2)　慣用句を……。」ハイ。（一斉音読）ハイ、すらすら読めました。

20　この項目は三学期まで使います。繰り返し読みながら、「なか1、なか2」を詳しく書きましょう。

21　小論文書き方ワークを完成する人も、「なか1、なか2」を書く人も

だけ書ければよい。2行以上書く生徒がいるが、修正させない。勢い余って書いてしまうからである。

13　最も早い段階の生徒に対する指示である。

14　行間二重線内に赤線を引く。

19　一項目ずつ区切って、一斉音読させる。

20　学習の目標を教える。

21　ここからは個人指導と

がんばりましょう。次の3時間目までに書き上げます。
22　（「なか」を一つ書いた生徒に）この「なか」の書き方がいいですね。黒板に書いて来なさい（5人程度、板書させる）。
23　（生徒の板書に黄チョークで大きく「○」をつけながら）皆さんはこの文章を参考にして、自分の文章を考えましょう。
24　皆さん、よくがんばりました。次の時間までに書き上げます。「なか」は4、5行書けば、後が空いていてもいいです。焦る必要はありません。
25　二次原稿が上、一次原稿は下、小論文書き方ワークを一番下にして、クリップで綴じて、提出しなさい。
26　次の時間は二次原稿を書き上げて提出します。

第2時の評価

1　小論文書き方ワークの「まとめの表」を全員が完成したか。
2　「まとめの表」から一次原稿を全員が完成したか。

【第3時】

1　「家の手伝い」を書く学習をします。（「小論文　家の手伝い」板書）
2　声をそろえて読みましょう。ハイ。
3　今日は二次原稿を書き上げて提出します。二次原稿は白紙でも名前だ

なる。
学習の進度に差があってよい。次時の中頃まで続けることで差が縮まる。
22　例が多くなったら、前の板書を消してよい。
23　生徒の板書には全て大きな「○」をつける。

【解説】

1　第3時は二次原稿の完成を目指す。個人差が大きくなるため書き終わっ

け書いて提出します。

4　プリント「小論文の書き方」を出しなさい。

5　「4　小論文を書くときの注意」の残りを学習します。では「(1)」から、皆さんで読みましょう。「(1)　『です、ます』を使わず……ヤ行」まで。ハイ。（一斉音読）

6　「(9)」以下を読みます。「(9)　『まとめ』を書くとき……」から「(11)……よい題名になる。」（一斉音読）

7　プリント「どちらがじょうずかな」を出しなさい。読みましょう。どちらがじょうずかな……」ハイ。

8　イとロのどちらがじょうずですか。イだと思う人、手を挙げなさい。ロだと思う人、手を挙げなさい。ハイ、これはイが正解です。

9　（以下、同様、理由を聞かないで進める。「まとめ」が終わったときに言う。）上手な理由は全部「小論文を書くときの注意」に書いてあります。

10　この二種類のプリントは卒業まで毎年使います。今日も、書きながら繰り返し読んでみましょう。

11　二次原稿を書く人は「小論文の書くときの注意」と「どちらがじょうずかな」を参考にしましょう。

た生徒は読書の時間に充てる。

3　「白紙でも」を強調する。宿題にせず、授業内で書かせる。

5　すらすら一斉音読させる。

6　すらすら一斉音読させる。

8　周りの生徒同士話し合わせながら、進めてもよい。教師も理由を説明しない。

10　ここまでが一斉指導である。以後、教師は机間指導に専念する。

12　一次原稿を書いている人は、1行だけ書いて手を挙げなさい。2行以上書くと間違ったとき直すのに苦労します（机間指導を続ける）。

13　Gさん、Hさん、黒板に一次原稿の文を書いて来なさい。

14　Iさん、Jさん、黒板に二次原稿の文章を書いて来なさい。

15　（黒板を中央で区切り、丸数字で書く位置を示す。右側が一次原稿例、左側は二次原稿例を生徒に書かせる。例文は無記名とする。机間指導の間に、板書添削を行う）

16　③番さんはどうですか。（ゆっくりと音読し、丸をつけてから、傍線を引いて）ここのところが詳しく書けています。よいです（と言って傍線に◎をつける）。

17　二次原稿を書いた人は綴じて提出しなさい。綴じ方は黒板に書いたとおりです。

18　今日は皆さん、よくがんばりました。小論文を皆さんが書き上げて提出しました。

19　次の時間は皆さんの書いた上手な文章を聞いて、感想を話し合います。

一番上　……二次原稿（板書）
中　　　……一次原稿

12　この頃から教室が静かになる。

16　全員に指導する必要はない。困っている生徒だけが注視すればよい。

17　一次原稿評価には「○」印を記入するが、二次原稿は評価は「○」印をつけずに提出させる。
　生徒が提出するのを見守る。違った提出方法の生徒には「違っている」と声をかける。友人同士

下　……小論文書き方ワーク
ホチキス留め
とじ方　場所　原稿用紙右上すみ
　向き　＼

第3時の評価

1　クラス全員が、一次原稿から二次原稿を書き上げたか。
2　クラス全員が、二次原稿を書き上げたか。

【第4時】

1　これから小論文の評価の授業をします。「評価の授業」とは、小論文の文章の上手、下手をはっきり区別して上手な文章が書ける学習をすることです。
2　皆さんが書いた「家の手伝い」という小論文を先生がこれから、読んでいきます。
　最初は「はじめ」の段落の2行だけを読みます。これだけで上手い・下手が分かります。
3　上手いか下手かの基準は何ですか。皆さんがよく知っています。分か

で教え合うのはよい。
19　書いた人の氏名は言わないと伝えておく。
　次時は優れた例を読み聞かせるため、一つの段落につき5例ほど選んでおく。「なか」の書き方が中心であるから、8例は選び、全てコピーする。

【解説】

1　小論文は基準があるから、生徒の作品に優劣をつけることができる。
2　教師が音読する（生徒に音読させない）。その意義は次のとおりである。
①筆者が分からないことで、生徒は文章評価に集

った人はいますか。そうです。「小論文を書くときの注意」がそれです。

4　では、「はじめ」から読みます（第1例文、2行を読む）。

5　これは上手ですか。上手だと思う人、手を挙げましょう（初めは、何を基準にしていいか、戸惑う生徒が多い。顔を見合わせているが、どんどん進める）。

6　これはとても上手な文章です。理由は「小論文を書くときの注意」の「(1)　である」を使って書いているからです。

7　また「はじめ」を読みます（第2例文、2行を読む。以下、同様に3、4例を読み上げる）。

8　（「はじめ」と同様に「なか」7、8例、「まとめ」5、6例を読み上げる。あえて「小論文を書くときの注意」にあるようなルール違反の文章を教師が創作して、ときどき読み上げる。生徒は喜ぶ。生徒の作品から下手な例は決して取り上げない）

9　今日の小論文の評価の授業を含めて、小論文の学習を受けた感想を言いましょう。自分の意見であれば、何を言ってもいいです。一人30秒くらい話しましょう。

10　こちらの席から、クラス全員に話してもらいます。Kさんからどうぞ。

11　上手く言えない人は、パスしていいです。全員の発言がすんでから、

中できる。

②教師が音読することで、文章が公平に評価されている実感を味わう。

③教師の上手な音読で文章内容がよく理解できる。

④プリントして文章を読むより、音声の方が集中する。中学生は耳の記憶がよい。

4　板書の「はじめ」に丸をつける。

5　「だれが書いたのですか」という質問には「このクラスの人が書きました」と答える。

6　2、3人の手を挙げた生徒を褒める。

話してもらいます。

12 皆さんが自分の考えをしっかり言えました。これからも、自分の考えをしっかりまとめて話しましょう。

13 小論文を返します（3枚綴じた小論文に花印（優秀・佳良・もっとがんばりましょう）を押したものを返却する）。Lさん、Mさん、……。

14 これで、小論文の学習を終わります。

第4時の評価

1 上手な文章を聞いて、挙手できたか。

2 授業について自分の意見を言えたか。

---

10 教師は途中で口をはさまず、にこにこして、生徒が安心して発言できるように配慮する。

11 不十分な発言は補足して内容をまとめる。声の小さな生徒の発言は、教師が大きい声で復唱する。そして、褒める。

13 3枚の原稿を丁寧に返却する。

(6)　使用する教材

教材1　「小論文の書き方」プリント（B４判に拡大印刷する）

小論文の書き方

1　文章形式（400字の小論文の例）

段落の名前		役割	文字数
はじめ		全体のあらましを書く。	2行（40字）以内。
なか	1	一つの具体例を詳しく書く。感想・意見は書かない。	7行（140字）以内。
	2	「なか1」とは別の具体例を一つ書く。感想・意見は書かない。	7行（140字）以内。
まとめ		「1」と「2」とに共通する感想・意見を書く。	2行（40字）以内。
むすび		「まとめ」が全ての人に当てはまるという主張を書く。	2行（40字）以内。（論説・高校から）

2　論理的文章の種類

(1)　記録　事柄を時間通りに書いた文章。「なか1・なか2・なか3・……」。（日記・観察記録・実験記録）

(2)　報告　新しい事柄の発見を詳しく書いた文章。発見したことを発表すること。自然科学の論文は全てこの報告である。報告の文章は決められた形式「はじめ・なか1・なか2・なか3・……・まとめ」で書かれる。

（「なか」は文章、写真、統計等）。（リポート。自然科学専門誌はリポートで形成されている。現象・事実新発見の報告は、多数の追試による確認を受けて「事実」として認定される）

(3)　論説　多くの記録・報告を基にして、最後に「主張」（むすび）を述べた文章。経済学・教育学・社会学等の論文、新聞社説・月刊雑誌（文藝春秋・中央公論等）の論文など。（高校生から書く学習がある）

(4)　説明　新しいこと・もの、珍しいこと・ものの性質・性能などを分かりやすく書いた文章。ゲーム機・携帯電話の「取り扱い説明書」など（プレセンテーションともいう）。「はじめ・なか1・なか2・なか3・……・まとめ」の形式によって述べる。

3　キーワード表

テーマ　夏休み
題名　お祭り　（テーマと区別する）
お祭り　（題名）
お祭りに行った。　①（はじめ）
お面を買った。　②（なか1）
焼きそばを食べた。　③（なか2）
楽しかった。　④（まとめ）
キーワード表（この表の（　）の中に言葉を入れましょう）

キーワード	段落	文章構成
（　　　　）	①	はじめ
（　　　　）	②	なか1
（　　　　）	③	なか2
（　　　　）	④	まとめ

4　小論文を書くときの注意

(1)　「です、ます」を使わず、「である」を使う。（「楽しかったです。」のように幼稚な文になるから）

(2)　慣用句を使わない。（文章の個性がなくなるから）

(3)　×テストは楽勝だった。↓○テストはやさしかった。
「……ない。」という否定表現は文章内容をあいまいにする。肯定表現で書く。
×賛成ではない。↓○反対だ。

(4)　「……して、そして、それから」を使いすぎない。（中心が分かりにくい文章になる）
×朝起きて、そしてご飯を食べて、かばんを持って……。

(5)　「、」は意味の切れ目に一文に一か所だけ、打つ。
×うんこの場所で食事にしよう。
↓○うん、この場所で食事にしよう。

(6)　名詞で文を切るのは詩の書き方で、意味があいまいになるから、小論文では使わない。
×わたしの好きな花、ばら。
↓○わたしはばらの花が好きだ。

(7)　「はじめ」には感想・意見は書かない。（感想・意見は「まとめ」に書く）
×四月十日に行った山中公園はとても楽しかった。
↓○四月十日に山中公園に行った。

(8)　「なか1・なか2」を詳しく書く主な技術は次のとおりである。
①　地名、人名、交通機関名、月日、時刻、品名、値段、個数などを書く。
×ある日の午後、町で友人に会った。
↓○十日午後三時ごろ、山川書店で吉野さんに会った。
②　会話の文は、小論文では改行しないで続けて書く。
○母さんが「今日は遅くなるわ。」と言った。わたしは「夕食の支度をしておく。」と答えた。
③　場面の中心を決めて、中心を詳しく書く。
×朝起きて、顔を洗って、ご飯を食べて……。
↓○朝六時に食事の支度を始める。お皿四枚にパン……。
④　「なか1」の内容と「なか2」の内容が、時間は離れているが事柄が一続きの例は、一つの例とみなされる。事柄の違う二つの例が必要である。
⑤　「なか」は、事柄だけを詳しく書き、感想・意見を書かない。
×おかずの準備はとても面倒だ。なぜかというと……。
↓○おかずの準備は、みそ汁の実を洗うことから始める……。
⑥　小論文に友人の名が出るときは、仮名を使う。次のようにすると便利である。
女子……青山さん、上田さん、大井さん、（ア行）
男子……山川さん、湯川さん、吉田さん、（ヤ行）

(9)　「まとめ」を書くとき、いくつかの「なか（具体例）」の中から「まとめ」の観点にぴったりな例を選び直すと、一貫性のある文章になる。

(10)　小論文を書く順序としては、「なか2」↓「なか1」↓「まとめ」↓「はじめ」の順に書くと書きやすい。

(11)　「題名」は文章全部を書いてから決める。「まとめ」のキーワードから選ぶと、よい題名になる。

(12)　「むすび」（主張）は、「まとめ」（個人の感想・意見）が「多くの人に共通すること」（一般化）を述べる。（高校以上）
（まとめ）　母さんがいなくて心細かった。（感想）
←
（むすび）　家族の大切さが分かった。（一般化）

教材2 「小論文書き方ワーク」（A4判に拡大印刷する）

小論文書き方ワーク

テーマ	

年	組	番	

キーワード表

①
お祭りに行った。
お面を買った。
綿あめを食べた。
楽しかった。

②
お祭りに行った。
金魚をすくった。
お金を落とした。
悲しかった。

③
お祭りに行った。
焼きそばを食べた。
金魚をすくった。
三匹も捕れた。

④
お祭りに行った。
綿あめを食べた。
焼き鳥を食べた。
おいしかった。

まとめの表

なか1	
なか2	
まとめ	

教材3　「どちらがじょうずかな」プリント（2頁分をB4判に拡大印刷する）

課題「小論文の書き方」を読んで、次の二つ一組の例文のうち、上手な方の記号を○で囲みなさい。文の長さは関係ありません。

（「小論文の書き方」を参考にしなさい。）

「はじめ」

イ　ねこのミーコはわたしの友達である。

ロ　わたしのとっても大切な友達は、ねこのミーコ。

＊

ハ　きのう、おむすび山に遠足に行ってとても楽しかった。

ニ　きのう、おむすび山に遠足に行った。

「なか」

ホ　障害物の網くぐりでは伊藤さんの後から入ったが、出たときは先になって二着になった。運動会で二着になったのは初めてだった。

ヘ　障害物とリレーと騎馬戦と綱引きと、全部で四つに出たがまあまあだった。

「まとめ」

ル　運動会はおもしろいこともあったが、失敗したこともあって、まあまあだった。

ヲ　運動会は騎馬戦と二百リレーは成功したが、綱引きと百メートルでは失敗した。

＊

ワ　おむすび山では疲れたが、疲れなかったらいい思い出はできなかったと思う。

カ　おむすび山では疲れたが、みんなに助けてもらったのが、うれしい思い出になった。

「むすび」

ヨ　この運動会では、みんなでがんばろうと話し合ったことが、とても楽しく、うれしかった。

タ　この運動会では、みんなでがんばろうと話し合ったことが、クラスの団結のきっかけになった。

＊ト　大きな沼があった。ボートが三つ浮かんでいた。茶店があった。遊園地があった。たくさんの人が散歩していた。テント村のところどころで煙が上がっていた。

チ　大きな沼にはボートが三つ浮かんでいた。沼の周りのテント村で散歩している人が多かった。ところどころで炊事の煙が上がっていた。そばに茶店や遊園地が見えた。

＊リ　お祭りに出かけるときは、おとぎの国に出かけるようにうれしいような心配なような、ふしぎな気持ちになる。神社の境内に並んでいる夜店はみんなよく知っている店ばかりなのに、一軒一軒、売っているものを確かめないと先に進めない。

ヌ　お祭りに出かけるときは近所のみんなと出かける。神社の境内の入口に、綿あめ屋がある。甘いがすぐに口の中で消えるから食べない。次の店はソース焼きそばで、ようじで食べるこの焼きそばは、キャベツは少し固いが最高にうまい。

＊レ　この登山の思い出は、林の中で点線となって走り回った雷の電光だ。皆は恐怖で林の中でひと塊になって動けなかった。

ソ　この登山の思い出は、林の中で私たちの足下に雷が本当に落ちたことである。その恐ろしさは最高だった。

解答（※括弧内の数字は「4　小論文を書くときの注意」の番号である。解答は生徒には配布しない。）

はじめ　**イ**（ロは(6)、(7)の違反）・**ニ**（ハは(7)の違反）

なか　**ホ**（へは(8)・①③⑤の違反）・**チ**（トは(8)・③違反）

ヌ（リは(8)・①⑤の違反）

まとめ　**ヲ**（ルは(8)・①⑤の違反）・**カ**（ワは(3)の違反）

むすび　**タ**（ヨは気持ちの文だけで一般化の文なし）・**レ**（ソは気持ちの文だけで描写の文なし）

生徒は小論文を書く授業の初めに、必要な項目を繰り返し音読する。音読だけで十分ともいえる。

【資料編】教材1 「小論文の書き方」プリントの解説（注）

1 文章形式（400字小論文の例）

表を一斉音読する。読み方は教師が最初に範読をする。「段落の名前、役割、文字数、はじめ、全体のあらましを書く……」と表の内容を縦に読む。感情を込めずに機械的に読んでいく。小論文の授業の初めに必ず読むことにする。暗記は指示しない。繰り返し音読しているうちに自然に覚えるのが理想である。

2 論理的文章の種類

高度な内容を含んでいるため中学3年で音読するとよい。関心のある生徒は自分で黙読している。

3 キーワード表

キーワード表づくりの学習は、生徒に文章の中から「単語」としてのキーワードを取り出す技術を教えることが目的である。

②段落「お面を買った」、③段落「焼きそばを食べた」という単文からキーワードを探すという分かりやすい課題である。キーワードだけで「お祭り・お面・焼きそば・楽しかった」と読むと、文章の構成が一目で見えることが分かり、そこで初めてキーワードの効果を実感する。

この学習の後では、教科書の論理的文章を読むたびに、一段落中に一つあるキーワードを探す学習に興味をもつようになるだろう。小論文学習はこのように体験を通して学習の効果を一つずつ身につけながら、論理的文章の書き方が自然にできるようになることを目指している。

4　小論文を書くときの注意

(1)　「です、ます」を使わず、「である」を使う。(「楽しかったです。」のように幼稚な文になるから)

常体と敬体の混乱は中学1年ではよくみられる。これは小学校低学年の指導の影響であると思われる。常体と敬体の使い分けには一年間苦労するが、常体で書くことを繰り返し指導する。

(2)　慣用句を使わない。(文章の個性がなくなるから)

×テストは楽勝だった。↓〇テストはやさしかった。

慣用句の大部分は流行語である。社会が複雑化・精密化して、他人にも一読で明快な文章を書き送る必要が増えている。「楽勝」の語より確実な「やさしい(平易)」という語句の方が論理的文章としての価値は高い。

(3)　「……ない。」という否定表現は文章内容をあいまいにする。肯定表現で書く。

×賛成ではない。↓〇反対だ。

伝統的な文章では「なし」という語は、多くの情景表現や人物表現に愛用されてきた。これに対して、科学論文で「Aではない」という意味は「A領域」に対する「非A領域」を表現する。つまり「賛成ではない」とは「反対である」の意味とされる。科学論文は少しのあいまいさも、文飾も嫌うから、「賛成ではない」と表現するとしたら「反対である」と書く。生徒にこの内容を平明に伝えるために、「肯定表現で書く」としてある。

(4)「……して、そして、それから」を使いすぎない。（中心が分かりにくい文章になる）

×朝起きて、そしてご飯を食べて、かばんを持って……。

中学の先生方は生徒に文章を書かせるとき、段落が変わる度に接続詞を使わせると、論理的に書けると考えているようだ。多くの文学的名文や論文で逆接の接続詞「しかし」以外は、接続詞をできるだけ使わないで書かれている。森鷗外、夏目漱石、寺田寅彦らが書いたたくさんの論文を読むと、接続詞がほとんど使われない簡潔明快な名文で書かれている。それで「使いすぎない」としてある。

(5)「、」は意味の切れ目に一文に一か所だけ、打つ。

×うんこの場所で食事にしよう。→〇うん、この場所で食事にしよう。

「、」（読点）は、言葉の切れ続きを明らかにしないと誤解されるところ、対等の関係で並ぶ同じ種類の語句のところで用いるとされている（文部省編「国語の書き表わし方」）。「一文に一か所だけ」とは生徒に分かりやすく表現した。長くなった文での二、三か所の使用を禁止しているわけではない。

(6) 名詞で文を切るのは詩の書き方で、意味があいまいになるから、小論文では使わない。

×わたしの好きな花、ばら。→○わたしはばらの花が好きだ。

詩歌では感動表現として体言止めを使う。短歌に多い表現法である。ここでは「ばら！」という感嘆符がついていると考えることができる。これに対して、論理的文章の表現目的は事実のとらえ方や、考えのまとめ方であるから、感動表現を使わない。生徒はこのような文章表現の歴史的な変遷を知らないから、結論を教えて、無駄な努力を取り除くのがよい。生徒が理由を聞いてきたら、褒めてから、丁寧に理由を説明する。

(7) 「はじめ」には感想・意見は書かない。(感想・意見は「まとめ」に書く)

×四月十日に行った山中公園はとても楽しかった。→○四月十日に山中公園に行った。

(7)から(10)の項目は「はじめ・なか・まとめ」の各段落の役割や書き方を説明している。「はじめ」の段落は「話題の紹介」を書く。「×」の例文のように「はじめ」の段落で「楽しかった」という感想・意見を書くと、その後に書くことがなくなる。この文章の中心は山中公園に行って「楽しかった様子」を書いた部分になるはずである。その様子を書いた後、「楽しかった」と書くのが文章の順序である。生徒に「話題・順序」という概念は難しいので「×・○」のついている例文を提示している。

例文を繰り返して音読すると、生徒は抽象的な書き方や例文でも、自然に頭の中に思い浮かぶようになる。そのような状態になって初めて生徒が書き方を理解したといえる。中学生では、1、2回の黙読だけでは、例文が頭に浮かぶような状態にはならない。一斉音読を繰り返すのは抽象的な文章を頭の中にそのまま定着する効果を期待しているためである。

(8) 「なか1・なか2」を詳しく書く主な技術は次のとおりである。

① 地名、人名、交通機関名、月日、時刻、品名、値段、個数などを書く。

×ある日の午後、町で友人に会った。

↓○十日午後三時ごろ、山川書店で吉野さんに会った。

「(8)」の「なか1・なか2」の書き方指導は論理的文章の特色が最もよく表れるところである。早い時期に文章には構成の原則があり、事実と意見とは異なること等が科学論文の書き方の原則であると、学んでおくことは一生の宝になる。具体例になる事実の詳しい書き方として、「地名、人名、交通機関名……」を具体的に書くとよい、という知識はその一つである。

② 会話の文は、小論文では改行しないで続けて書く。

○母さんが「今日は遅くなるわ。」と言った。わたしは「夕食の支度をしておく。」と答えた。

物語・小説の中での会話は生き生きとした人物像を描き出すために描写の役割がある。その役割を強調するために、会話を改行して表現する例が多い。読み手には改行された会話によって、登場人物が話を始める情景を思い描きやすいからである。

ところが、論理的文章では文章を整理するために、段落ごとに内容をまとめて書く原則になっている。論理的文章では段落が構成単位を示す目印になっている。このため、論理的文章の中に現れる会話は改行しないで書く。文学的文章と論理的文章との書き方の原則の違いが表れる例の一つである。

③　場面の中心を決めて、中心を詳しく書く。

×朝起きて、顔を洗って、ご飯を食べて……。

↓○朝六時に食事の支度を始める。お皿四枚にパン……。

文章を書く経験の少ない生徒に自由に体験を書かせると、自分の行動を次々に書き並べる。教師がそれを一つ一つ赤字で訂正すると、書く学習に苦手意識をもつようになる。「③」のように、事前に原則や文例を示すのは、そういう指導上の課題をなくすためである。

④　「なか1」の内容と「なか2」の内容が、時間は離れているが事柄が一続きの例は、一つの例とみなされる。事柄の違う二つの例が必要である。

「なか1」と「なか2」とが一続きの事実であるかは、「小論文書き方ワーク」の「まとめの表」に書かれた二つのキーワードで判断がつかない例が多い。一次原稿になるとはっきりしてくる。書いた本人も自分の体験を思い出すのに集中しているから、教師が「『④』があるから『なか2』は別の例を考えましょう」と指摘すると納得する。複数の異なった事例から共通した性質を導くというのが帰納論理の思考法であるから、ここは論理的思考の一番重要な条件を経験する場面である。

⑤　「なか」は、事柄だけを詳しく書き、感想・意見を書かない。
×おかずの準備はとても面倒だ。なぜかというと……。
↓〇おかずの準備は、みそ汁の実を洗うことから始める……。

「なか1・なか2」には、事実だけを書くという原則の確認である。生徒は「詳しく書く」という学習は初めてだから、思ったことは何でも書こうとする。特に、従来の作文では、気持ちを書く学習が重視されてきたから、「事柄だけを詳しく書く」という条件に、驚く生徒が多いだろう。先生方も文章を長く書ける生徒は表現力があるという考えを改めて、最初は短くてもよいから、事実に選んで書くように指導していただきたい。

⑥　小論文に友人の名が出るときは、仮名（かめい）を使う。次のようにすると便利である。
女子……青山さん、上田さん、大井さん、（ア行）
男子……山川さん、湯川さん、吉田さん、（ヤ行）

生徒が自分の経験を詳しく書いていくと、友人が登場する場合がある。実名を書くと友人関係で困るときが多いので、仮名を書くと決めておくと安心である。女子、男了の区別を決めておくとよい。

(9)　「まとめ」を書くとき、いくつかの「なか（具体例）」の中から「まとめ」の観点にぴったりな例を選び直すと、一貫性のある文章になる。

「小論文書き方ワーク」で「まとめ」との関係で選んだ「なか1・なか2」のそれぞれを詳しく書

いていると、ぴったりしないという生徒が出てくる。それは「なか」を書いているうちに、生徒の考えが進歩したわけであるが、一度選んで決めた「なか」を簡単に取り替えることはできないと考える生徒がいる。それを予め防ぐための項目である。このように項目を置いておけば、生徒は積極的に具体的事例が「まとめ」に適しているか工夫するであろう。この工夫が帰納論理の思考法を鍛えることにつながる。「小論文書き方ワークと違う例を原稿用紙に書いた人は、書き方ワークを書き直しておきましょう」と言い、書き方ワークと小論文との関係を確認させるとよい。

⑽　小論文を書く順序としては、「なか2」→「なか1」→「まとめ」→「はじめ」の順に書くと書きやすい。

文章の初めから終わりまで続けて書いていく文章は、物語と小説である。これらは途中から書いたり終わりから書いたりすると、話の一貫性がなくなり混乱するので、必ず初めから続けて書いていく。これに対して、報告、論説、説明などの論理的文章は「なか」の部分、あるいは「まとめ」に当たる段落から書き始める。いろいろな部分を前後に置いて、文章全体の効果を考えながら、「なか1・なか2・……・まとめ」の順序を決める。それから結論に当たる主張を書く。これらの文章を書いてから、最後に簡潔な「はじめ」の文章を考える。

書く順序として「なか2」→「なか1」と逆になっているのは、完成したとき「まとめ」から離れる「なか1」が、「まとめ」にしっかりと結びつく内容になっているか、確認しやすくするためである。小論文は決して「はじめ」から書かない。「なか・まとめ」を書かないうちに「はじめ」を書くと、目的不明のだらだらとした文章になる。

⑾「題名」は文章全部を書いてから決める。「まとめ」のキーワードから選ぶと、よい題名になる。論理的文章には題名が大事な役割を果たす。多くの読者は題名を見て、その文章を読むかを決めるからである。論理的文章の核心は具体的事例のおもしろさではなく、「まとめ」に書かれている法則性のおもしろさである。そのために「まとめ」のキーワードを使うと、その文章内容をよく示しているために、題名として優れていることになる。

小論文を書き始めるときに、仮の題名を決めることがある。これは「なか」を書くときの方針になるよい方法である。そのときも、文章全部を書き上げたら、「まとめ」のキーワードと、どちらがよりよく適合しているか確認させるとよい。

論理的文章の手本として「天声人語」（朝日）、「編集手帳」（読売）などのコラムが教材文として取り上げられることがある。確かに名文が多いが、このコラムの文章には題名がない。題名のない文章は書き方に特別の工夫が必要である。中学生段階では高度過ぎる工夫なので、指導上、注意がいる（後で編集されたコラム集には題名がついている）。

⑿「むすび」（主張）は、「まとめ」（個人の感想・意見）が「多くの人に共通すること」（一般化）を述べる。（高校以上）

（まとめ）母さんがいなくて心細かった。（感想）

（むすび）家族の大切さが分かった。（一般化）←

「むすび」は結論といわれる部分で、筆者の主張を書く。例文で「まとめ」は「心細かった」と筆者の心情が書かれている。「なか1・なか2」で母がいなかった様子が書かれているのであろう。「心細かった」は個人の心情である。それに対して「むすび」は個人の心情を一般化した考えを書く。それが「家族の大切さ」という語句である。

生徒は「家族の大切さ」という抽象的な言葉が適切に使えない。それが高校生から大学生になると、「家族の大切さ」という抽象的な言葉が実感をもって使えるようになる。このように「むすび」の段落は抽象的な思考を記述するので、中学生は「まとめ」まで書ければよいとしている。

【資料編】教材2　「小論文書き方ワーク」の解説

1　論理的思考の組み立てを確認する問題

①
お祭りに行った。
お面を買った。
綿あめを食べた。
楽しかった。

②
お祭りに行った。
金魚をすくった。
お金を落とした。
悲しかった。

③
お祭りに行った。
焼きそばを食べた。
金魚をすくった。
三匹も捕れた。

④
お祭りに行った。
綿あめを食べた。
焼き鳥を食べた。
おいしかった。

右は「小論文書き方ワーク」の下段にある問題である。生徒には「次の中で『はじめ・なか１・なか２・まとめ』が正しく書かれている文章の番号に○をつけなさい」と問う。問題はみな4行で、具体例「なか１・なか２」と、それに対応する「まとめ」が一貫性を保っているかを考えさせる課題になっている。生徒の文章に多い誤りは、直前の「なか２」の例に引きずられた性質を、二つの例の「まとめ」にする「②」のような例である。

2　文章全体の組み立てを気づかせる課題

文章全体の組み立てを生徒に気づかせる課題がある。次のようにキーワードの一覧表を作成し、キーワードで具体的事例の性質（まとめ）を決めさせる。

1	○	たこ焼き
2		金魚すくい
3	○	綿あめ
4		お面
5		五人の友達
6		神社にお参り
まとめ		おいしかった

「1~6」は「お祭り」に関する雑多な経験例である。この雑多な経験例から「おいしかった」という「まとめ」の性質に基づく具体的事例を選び出す学習をさせる。この学習には帰納論理の思考法が必要である。「○」印をつけた「たこ焼き・綿あめ」と「まとめ」の「おいしかった」とは一貫性のある経験の選択といえるだろう。この経験の選択と「まとめ」の組み合わせを400字以内の小論文で書くという学習は、中学生の生活体験の段階で十分可能な学習内容になる。

注)「教材1『小論文の書き方』プリントの解説」で記した内容は、故市毛勝雄先生から研究会等で繰り返し教えていただいた内容である。ご指導いただいた内容を記すことによって、その教えを多くの先生方に伝えることができればと考えている。

2　論説の書き方編

⑴　経験を基に主張を書く

論説の文章を書く学習では「むすび」の段落（結論といわれる部分）が必要になってくるので、前述のように高校生になってからで十分である（83頁参照）。共通する性質を一般化して、普遍的な主張として論述する力は十五歳以降、著しく伸長するからである。

ただし、高校入試の小論文問題で「あなたの意見を述べよ」や「主張を書け」等の出題があるため、2、3回国語科授業内で書かせることもできる。中学3年の「当番活動・中学の思い出」で「(論説)」と書き添えられているのは、そのためである。

⑵　学習計画、主な発問・指示、使用する教材

「学習計画」「主な発問・指示」は、「報告の書き方編」とほとんど同じである。第3時の「7　少し詳しい文章（二次原稿）を書く」ときに、「むすび（2行、40字以内）」を増やすことになる。

3　説明の書き方編

(1)　プレゼンテーションの基礎を身につける

説明の文章は報告と同様に「はじめ・なか1・なか2・まとめ」という構成である。報告の文章では生徒の経験を複数の具体的事例で記述し、それらに共通する性質を導き出す。それに対し、説明の文章では関心のある分野を記述の対象にして、読み上げ原稿を作成し、それを発表する。調査内容ではなく、生徒自身がよく知っている事柄をスピーチにすると、楽しく学習できる。

(2)　読み上げ原稿を作成する

スピーチでは発表メモや箇条書きを基にして、発表する学習をよく見かける。これは生徒が緊張し、発表内容が迷走し、予定時間内に終わらなくなるので、やめた方がいい。

スピーチ読み上げ原稿を作り、それを発表すると話すと、生徒は安心し、原稿の作成に集中することができる。89頁、第3時の「7」で書く「少し詳しい文章（二次原稿）」が、読み上げ原稿である。これを持って、暗記せず、話すように指導する。教師が模範となるスピーチを示すと分かりやすい。

(3)　スピーチの3年間の計画

スピーチの学習計画は次表のとおりである。教科書の「話すこと・聞くこと」の単元でスピーチの学習は年に1回程度である。一年間で5回程度学習すると、論理的に話し、聞く力が向上する。

	第1単元	第2単元	第3単元	第4単元	第5単元
1年	自己紹介	○○の作り方	私の薦める遊び	道順の説明	私の成長
2年	自己紹介	○○の仕方	私の薦める本	○○への行き方	私の苦労
3年	自己紹介	○○の進め方	私の薦めるスポーツ・学習法	○○訪問の説明	私の失敗

(4) スピーチ学習の全体像

スピーチ学習の目標、計画、主な発問、教材などを示す。小・中・高等学校共通である。

① **学習目標**

i 事実と意見とを形式に当てはめて、話すことができる。

ii 時間内に発表することができる。

② **学習計画（4時間扱い）**

第1時　1　論理的文章の書き方プリントを読む。

　　　　2　書き方ワークに「考察・具体的事例1・2」のキーワードを書く。

　　　　3　黒板で添削され、評価を受ける。

第2時　4　原稿用紙に「具体的事例1・2・考察」を各1行の文（一次原稿）で書く。

第3時
5 黒板で添削され、評価を受ける。
6 推敲プリントを通して、推敲・評価の観点を知る。
7 少し詳しい文章（二次原稿）を書く。
8 黒板で添削され、評価を受ける。
第4時
9 スピーチ（二次原稿）を発表する。
10 聞き取りメモを書き、スピーチの感想を発表する。
11 書き方ワーク・一次原稿・二次原稿・聞き取りメモを教師に提出する。

(5) 主な発問・指示及び評価

第1～3時の「主な発問・指示」は「報告の書き方編」と同様である。2年の「私の薦める本」の第4時を次に示す。

【第4時】

1 この時間は「私の薦める本」について発表します。
2 「スピーチ聞き取りメモ」（91頁参照）の「1 スピーチをするときの注意」を声をそろえて読みなさい。「(1) 二次原稿を……」ハイ。
3 自分の二次原稿を1回読みます。全員、起立。ハイ。（各自練習）
4 前の時間に決めたように、1番のAさんから発表します。（Aさん発

【解説】

1 前時に原稿を見ながらスピーチをすると伝えておく。
読み上げ原稿を作成すると、生徒は安心し、自

表）

5　Aさんの「なか1」のキーワードは「英単語の覚え方」、「なか2」のキーワードは「理科の化学式」、「まとめ」のキーワードは「成績が上がった」でした。聞き取れましたね。

6　2番のBさん、発表しましょう。（Bさん発表）

7　Bさんのキーワードを近くの人と確認しましょう。

8　3番のCさん、発表しましょう。（Cさん発表）

9　4番のDさん、発表しましょう。（Dさん発表）……。

10　最後のZさん、発表しましょう。（Zさん発表）

11　スピーチの感想を発表しましょう。（数名、指名）

12　これで、スピーチの学習を終わります。

第4時の評価

1　スピーチ原稿を読み上げることができたか。

2　友人のスピーチのキーワードを聞き取れたか。

信をもって発表できる。

2　スピーチの留意点はプリントにし、一斉音読する。

3　スピーチの練習を1回行う。発声練習も兼ねる。

5　一人目の発表のキーワードは教師が教える。数名教えてもよい。徐々に聞き取れる。

中学1、2年は「なか」のキーワードの聞き取りでよい。

10　発表ができないと言って来た生徒には「次の機会に行いましょう」と言い、無理に発表させない。「友人のスピーチを聞くことが大切な学習です」と言う。

(6) 使用する教材

教材1 「スピーチ聞き取りメモ」（Ｂ４判に印刷する）

年　組　番　氏名

スピーチ聞き取りメモ

1　スピーチをするときの注意

(1) 二次原稿を両手で持って、脇をしめる。
(2) 足は二十センチメートル程度開けて立ち、両足に重心をかける。
(3) 首を上下に振らず、一定の位置で話す。
(4) 口は大きく開け、教室の隅まで声が届くようにする。
(5) ４００字を一分十秒から一分二十秒で話す。
(6) 「である」から「です・ます」に直し、話す。

2　聞き取りメモ（友人のスピーチから、段落ごとのキーワードを聞き取ろう。）

順	「なか1」のキーワード	「なか2」のキーワード	「まとめ」のキーワード
1			
2			
3			
……4			
32			

4　記録の書き方編

(1)　事実の記録の仕方

学級日誌や班ごとの記録等は、各学級で生徒が担当する記録の文章である。これら記録の文章にも規則があるので、国語科授業で一斉に説明しておくと効果的である。科学論文は事実の記録を根拠にして推論するので、原則が決められている。それが次の4項目である。

①　主語と述語とを対応させ、箇条書きにする。
②　事実に呼び名をつける。
③　事実を記録するために次の4点を記述する。
　i　事実が起きた時刻
　ii　場所
　iii　事実の様子（時刻の順序に番号をつけた箇条書き）
　iv　事実の結果
④　記録を書いた年月日を書く。

(2)　日記で記録の文章を書く習慣をつける

日記は事実を箇条書きするのに適した学習である。国語科で一学期に重点的に指導すると、事実を詳しく書く力が向上する。

日記指導のポイントは次のようになる。

① B5判、横書きの大学ノートを縦書きにして、一行おきに書く。
② 初めに年、月、日、曜日、時刻を書く。
③ 3項目以上、箇条書きする。
④ 一週間に3日以上、書く。
⑤ 月に2回、提出する。

(3) 日記の書き方例(中学3年)

> 二〇△△年〇月×日(〇)午後八時記録
> ① 午後三時四十分から合唱のパート練習が三年二組の教室で始まった。
> ② 「大地讃頌」のアルトパートは出だしの音程をとれない人がいたので、「母なる大地のふところに……」の部分を何回か、歌った。
> ③ 午後四時から四パートが一緒になり、CDの伴奏に合わせて歌った。
> ④ 指揮者の湯本さんと歌が合わないところがあり、その度に歌うのを止めた。

5　読書感想文の書き方編

(1)　夏休みの宿題は読書記録カードにする

前に述べたように夏休みの読書感想文は生徒と教師が苦労するわりに、実りが少ない。そこで、読書記録を宿題にすることを勧める。A４判１枚のカードに「著者・書名・発行年月・出版社・あらすじや一言感想」を記述させる。冊数は３〜５とする。二学期最初の国語科授業に提出させるとよい。

(2)　二学期最初の国語科授業で読んだ本を持参

読書記録カードとともに、生徒が読んだ本を１冊持参し、授業内で読書感想文を書いたことがある。小論文と同様、「はじめ・なか１・なか２・まとめ」で書く。原稿用紙１枚、４００字以内とする。

(3)　主な発問・指示及び評価

中学２年を対象とした、１時間扱いの読書感想文の授業の「主な発問・指示及び評価」は次のようになる。

【第１時】

１　この時間は持ってきた本の読書感想文を書きます。

２　小論文と同じように「はじめ・なか１・なか２・まとめ」の形式を使

【解説】

１　二学期に読んだ書籍を持参することを説明する。

います。

3　段落には次のような役割があります。（プリントを配布）

段落の名前	役割	行数
はじめ	全体のあらましを書く。書名を入れる。	2行（40字）以内
なか1	印象に残った場面を一か所、引用する。	7行（140字）以内
なか2	「なか1」とは別の印象に残った場面を一か所、引用する。	7行（140字）以内
まとめ	「1」と「2」とに共通する感想・意見を書く。	2行（40字）以内
むすび	「まとめ」が全ての人に当てはまるという主張を書く。	2行（40字）以内

4　声をそろえて、「段落の名前……」ハイ。（一斉音読）

5　このような形式で書くと、読む人が分かりやすい読書感想文になります。

6　「少年の日の思い出」の感想文を読みましょう。ハイ。（一斉音読）

（プリント配布）

題名「少年の日の思い出」の「僕」

2　中学3年では「むすび」を書くこともできる。

3　文章形式と感想文例は、1枚のプリントにするとよい。

「なか1・なか2」は引用一か所で、一段落を作らせる。複数の引用から共通する感想を述べるという学習を重視する。「自分だったらどうするか」や、本から学んだことなどは書かない。

6　中学1年の国語教科書で学習した小説教材等を感想文にすると、生徒は共通理解できる。

「はじめ」

「なか1」

「なか2」

「まとめ」

ヘルマン・ヘッセが書いた「少年の日の思い出」には「僕」という人物が登場する。
　一番印象に残った場面は、次のところである。「誘惑に負けて、留め針を抜いた。すると、四つの大きな不思議な斑点が、挿絵のよりはずっと美しく、ずっとすばらしく、僕を見つめた。それを見ると、この宝を手に入れたいという、逆らいがたい欲望を感じて、僕は、生まれて初めて盗みをおかした。」
　二番目に印象に残った場面は、次のところである。「ちょうを机の上に置いた。それをよく見ないうちに、僕はもう、どんな不幸が起こったかということを知った。そして、泣かんばかりだった。クジャクヤママユはつぶれてしまったのだ。前羽が一つと触角が一本、なくなっていた。」
　二つの場面は「僕」の行動や心の動き、チョウの様子が書いてあって、緊張感があった。

　プリントの一斉音読で学習を終え、感想文の書き方を解説しない方がよい。二学期最初の授業のため、一斉音読がそろわないときがあるが、その度に止めて、そろえて読むように言う。

7　赤線を2行・2行・7行・7行・2行の間に引きます。引いたら行数を確かめましょう。
8　上段のマスのない白い所に、初めの2行は空けておきます。次の2行に「はじめ」、次の7行「なか1」、次の7行「なか2」、次の2行「まとめ」と書きます。
9　でき上がったら、自分の持って来た本の感想を書き始めなさい。
10　この文章を基に、コンクールに出品してみましょう。
11　これで、読書感想文の学習を終わります。

第1時の評価

1　読書感想文の書き方を理解できたか。
2　原稿用紙1枚の感想を書くことができたか。

7　小論文と同様の行数である。
9　生徒同士で確認し合いながら、書き始める。教師は机間指導しながら、質問に対応する。
11　書き上がらなかった生徒は途中でも提出させ、次時に書かせる。宿題にしない。

(4)　読書感想文コンクールへは希望者が応募する

市区町村単位の読書感想文コンクールへは希望者を募集し、その中から出品する。生徒自らがコンクールの応募に立候補したわけであるから、「書くこと」に意欲があり、個別の指導に対応でき、2000字の感想文を仕上げる力も備えている。

6　自己PR文・自己推薦書編

⑴　小論文やスピーチ原稿等を3年間保管

国語科や総合的な学習の時間などに書いた小論文やスピーチ原稿、レポートなどは中学3年間、ファイルなどで保管する。3年間の成長が確認でき、入試の際の自己PR文や自己推薦書等を書くときに役立つ。生徒は中学1、2年の小論文を読み返すと、「なか」に書かれた過去が鮮明に思い出されてくる。小論文等は自己記録の役割も担っている。

⑵　経験に基づいてPRする

自分のよさを堂々と話せる中学生は少ない。スポーツ推薦を希望した生徒が「僕の長所は何でしょう?」と質問したことがあったが、長所は自分で見出しにくいものである。小論文の「なか」の文章内容は経験が多くを占めるので、自己の特性が表れやすい。これらを頼りにPR文を書くと、説得力が増し、明快な文章となる。今後、大学入試で「ポートフォリオ」を提出する大学が増えるが、高校生も同様に小論文の学習で対応することができる。

●第六章●「書くこと」の授業における指導技術

1　授業内で書く

「書くこと」の学習では国語科の授業内で書き上げ、宿題にしない。学習計画の第3時（64頁参照）に「二次原稿は白紙でも名前だけ書いて提出します」という指示がある。これは宿題に課さないことを宣言している。授業初めに宣言し、生徒が50分間、書くことに集中する効果をねらっている。

論理的文章の書き方は高度な学習内容を多分に含み、約束事も多い。そのために、文章評価の基準が明確であるともいえる。これらの約束事を生徒は、教材文「小論文の書き方・どちらがじょうずかな」等のプリントを見て、書き進めていく。授業内では不明な点を教師に質問し、友人同士で話し合い、よりよい書き方を見出すことができる。家庭ではこのような学習が成り立たない。

2　一単元を4時間以内で、一斉に書く

小論文の学習は一単元が4時間である。教科書指導書で「書くこと」の単元は8～12時間程度であるが、生徒の書く意欲が一単元、持続しない。原稿用紙1枚の文章を一斉に書くことを本書では勧めている。一斉指導の最大の利点は、学級内で友人の文章を読み、教師の音読を聞き、板書の添削を確認するなど、書き方を即座に知り、修正ができる点である。生徒は抽象的な文章より、友人が書いた、自分と同等か、少し上手な文章から学ぼうとする。お手本となる文章が身近にある、一斉授業が最も適切な学習環境といえる。

「書く」学習では個々の指導の方が効果が上がるとお考えの先生がいるだろう。一対一の対話は中学生の場合、行き詰まる。一対一の対話中、教師の説明を理解できなかったとき、生徒は質問の仕方が分からず、確かめる手立てがない。

3　原稿用紙1枚、400字で書く

中学生に原稿用紙1枚は少なすぎる、生徒の思いや考えが書き切れないと先生方から言われることが度々ある。小論文の書き方では指定された字数内に書くため、適切な語句を探し、主語と述語を整え、段落を形成し、文章を組み立てる。文章の意味が分かり、簡潔にまとまり、複数の段落で構成さ

れた論理的文章を400字で書くことができれば、800字、1200字の文章も的確に書くことができる。

4　一年間に5課題を書く

中学1年から3年まで、一年間に5課題（各4時間）、小論文の学習を繰り返す。中学生は自分自身が経験し、学級で共有した体験である遠足、運動会、林間学校、修学旅行、合唱コンクール等の学校行事や、当番活動、係活動、委員会活動、クラブ・部活動などをテーマにする。共有した体験であれば、教室で書く材料を話し合ったり、確認したりすることもできる。

「書く」学習では年に1回の小論文の学習ではなく、継続して指導することが必要である。一年間に5課題がちょうどよい。

5　評価が要である

「書くこと」の学習で要となる指導は、評価である。適切な評価によって生徒は初めてその書き方を理解し、習得することができる。論理的文章は明確な評価の観点を設定できる。また、論理的文章はテーマが明確で、具体的事例とその考察という形式が整っていることが大切である。複数の具体的事例が平明な日常的な話題で、その考察が抽象度の高い言葉であるほど、優れた文章といわれる。

それに対し、物語・小説、随筆、詩歌等の創作は芸術活動である。これらで生徒の学習活動は評価できるが、作品の優劣を判断することが困難である。論理的文章では記述の基準があるから、その書き方に優劣をつけることができる。

6 国語科の授業内で添削・評価を指導する

小論文の書き方指導で次の点を繰り返し指導したところ、中学校で成果がはっきりしてきた。

(1) 黒板添削での評価の観点の提示

添削は黒板を使い、早く書き上げた生徒から数名程度書かせ、評価の観点を共通理解させる。

(2) 添削には「○」印をつけてから

教師は黒板に書かせた例に「△・×」をつけず、黄色のチョークで「○」を必ずつけてから、修正点を脇に書く。これは生徒の書こうとする意欲を持続させるためである。生徒全員の前で、このような添削指導をすると公平感がはっきりし、学級の雰囲気が明るくなり、書く学習が楽しくなる。

(3) 具体的事例を中心に指導

具体的事例では場面の中心を決め、中心を詳しく書かせる。板書では生徒の書いた文章に「◎」をつけ、「ここを詳しく書く」と説明する。事例が正確に書けると、論理的文章の書き方を習得したといえる。

(4) 教師による評価

主体的・対話的で深い学びを重視する、生徒同士の評価活動が活発であるが、活動が先行し、評価基準が不明瞭になることもある。相互評価や自己評価ではなく、教師が生徒の作品を必ず評価する。このため教師は常に生徒作品を読み、よい文例をたくさん頭の中に入れておく必要がある。

(5) 段落ごとの評価

教師は二次原稿を段落ごとに赤ペンで「○」をつけ、評価する。文章には四つの「○」がつくことになる（五つの場合もある）。特に、優れた段落には「◎」をつける。二段階の評価となる。

(6) 「評価の授業」の設定

第４時に「評価の授業」（67頁参照）を位置づけている。教師が生徒氏名を伏せ、段落ごとに優れた作品を読み聞かせる。

(7) 最終の評価は花印で押す

論理的文章の評価は特注の花印を押す。直径七センチメートルの「優秀・佳良・もっとがんばりましょう」の3種類の印である。「書くこと」の評価時だけで使い、他の課題の評価では使わない。「書くこと」は特別な活動であり、年間5回の花印は稀少であると印で生徒に理解させる。

7 各教科や総合的な学習の時間で、小論文の書き方指導を生かす

国語科で習得した小論文の書き方を、他教科などに活用する。社会、数学、理科、音楽、美術、保健体育、技術・家庭、英語等の単元のまとめで小論文の形式を利用してレポートを記述するとよい。

例えば、社会で「オセアニア」「律令国家の形成」「市場の働きと経済」という単元の終了後、そこで学んだ内容を「はじめ・なか1・なか2・まとめ」という構成で報告する。「律令国家の形成」という単元では「なか」に「平城京・摂関政治・国風文化」等の記述、「まとめ」に「日本らしさが生まれ始めた・貴族の文化が中心だった・現在にも影響を与えている」などが考えられる。

技術・家庭の場合、「木工加工」「情報モラルの必要性」「栄養素の働き」「布を用いた物の製作」の学習や実習後、分かったことを小論文の形式でまとめることができる。全教科で位置づけるとよい。

8 高校入試の記述式問題に対応できる

次に、二〇二〇年二月実施の東京都立高等学校入学者選抜学力検査の記述式問題を載せる。

国語の授業でこの文章（福岡伸一「動的平衡3」）を読んだ後、「理想の組織」というテーマで自分の意見を発表することになった。このときにあなたが話す言葉を具体的な体験や見聞も含めて二百字以内で書け（後略）。

二〇一九年は齋藤亜矢「ヒトはなぜ絵を描くのか」、二〇一八年は國分功一郎「中動態の世界」、二〇一七年は原田信男「日本人はなにを食べてきたか」からの出題となり、右の傍線の文言が変わる。ここ数年、類似している。1種類の論理的文章を基に、経験も含め自分の考えを論述する問題である。

このような、文章や資料を的確に読み、自分の考えを形成し、論理的文章を解答として書くためには、初期段階の学習の積み重ねが重要である。論理的文章を書く学習の入門期では生徒の日常生活を題材に、自分の経験から対象を見出し、言葉と結びつけ、論理的に組み立てるという系統的な学習が必要である。

●第七章● 実践　学年・学校全体で論理的文章を書く

【1】学年全員が論理的文章を書ける

―北海道札幌市立元町中学校1年の取り組み―

1　特色

(1)　学年での取り組み

中学に入学したての生徒は、自分の体験を書く際にその都度感想を交えながら敬体で書く習慣がついている。また、テーマを与えられても何を書けば分からないという生徒も多い。

そこで、本校1年ではは論理的文章を書く力を身につけさせるための取り組みとして、5学級全てで年5回の小論文指導の時間を設定した。自分の体験を基に書ける身近なテーマについて、「はじめ・なか1・なか2・まとめ」の形式で400字程度の文章を書く活動である。2・3年生になって教科書で論説文を扱う時期には「まとめ」の後に「むすび」を加えることを想定しているが、中学1年の段階では「まとめ」までとした。事実と感想・意見を分けることを初めて知った生徒が、さらに「主張」との違いに戸惑い混乱することを避けるためである。

このように、生徒は論理的文章の基本的な事項を学習する。多くのテーマについて一定の形式で書けることや、意見を伝えるために事実を具体的に書くこと、事実と意見は分けて書くこと等を知る。これらの理解により意見の伝え方や説明の仕方が身につき、教科書の論理的文章を読む際も文章構成を把握することができる。

(2) 教科書の論理的文章教材や、リライト教材を「読む」学習と系統的に設定

年間を通して週1回程度、「リライト教材」を「読む」学習を行っている。「リライト教材」は『国語科・論理的表現力を育成する教材集（小・中学校編）』（私家版　長谷川祥子編著・東京都台東区立東泉小学校著、二〇一八年。第二版は二〇一九年）を使用した。この学習は1回目の小論文を「書く」活動の1か月前から数回扱っている。「リライト教材」にはキーワードを探してまとめの表を完成させる「学習課題」があり、「文章構成」・「段落」・「キーワード」の意味や働きをあらかじめ理解させることができた。また、教材文は実際の小・中学生の作品による文章が多く、「家の手伝い」（1回目のテーマ）等の身近な内容が扱われている。その一方で、事実が詳しく書かれた常体の文章であるため、小学校で書いた作文とは異なる文体であることは明確である。このため、どのような文章を書けばよいのかイメージをもたせることにも繋がった。

教科書の論理的文章教材は「ダイコンは大きな根?」「ちょっと立ち止まって」「シカの『落ち穂拾い』―フィールドノートの記録から」「幻の魚は生きていた」(光村図書)を学習した。これらの教材文を読む学習でも、キーワードや中心となる文を探す活動で、小論文や「リライト教材」を想起させている。教材文の各段落を「はじめ・なか・まとめ(・むすび)」に分類することで、それぞれに共通する文章構成と段落の役割に気づかせた。説得力のある意見を述べるため事実の示し方についても、客観的かつ具体的なデータを示す必要があること等に触れた。文章の長さは違っても、具体的事例を根拠にして意見や主張を述べるという流れは、小論文においても同じであることをその都度確認した。

2 学習指導計画

年間5回のテーマは学校生活を中心に、いずれも生徒にとって身近な題材としている。このため、下調べをする必要がなく、全員が自分の経験を基に書くことができる。学校での活動については同じ出来事をそれぞれが異なる観点から書くことになるため、互いに読み比べることで物事の見方や感じ方の多様性を知る機会ともなる。

第1単元	第2単元	第3単元	第4単元	第5単元
家の手伝い	炊事学習	班・係活動	二学期の行事	中学1年の思い出

3　生徒作品

次に、生徒作品を示す。C評価は未完成の作品、B評価は完成しているものの「なか」の詳しさが不足する作品、A評価は具体的事例が詳しく書けていて段落構成も正しい作品である。中には年間を通してB評価からA評価に上がっている生徒もいるため、合わせて紹介する。

① C評価の作品（1回目「家の手伝い」）

【小論文書き方ワーク】

キーワード表

① 料理
② 洗濯
3
4
5

↓

まとめの表

なか1　料理
なか2　洗濯

まとめ　家の手伝いは大変だ

【一次原稿】

（なか1）ぼくは、料理ができる。
（なか2）そして洗濯もできる。
（まとめ）このようにぼくは家の手伝いができるけど、最近手伝いがめんどくさい。

【二次原稿】

題名「　　　　」

ぼくは、かあさんが仕事でいないときに料理をしている。

最近ぼくは、毎日洗濯をしている。理由はない。

〔解説〕

○題名と「はじめ」を書いていない。

○一次原稿の「できる」から「している」に直している。

○詳しく書こうとしているが、「理由」を述べる必要はない。

○一次原稿では書いていた「まとめ」を書いていない。

〔評価　C〕

時間内に、「はじめ」「なか2」「まとめ」「題名」を書き終えましょう。

〔考察〕

① 二次原稿の「はじめ」と「まとめ」が未記入で、「なか1」「なか2」をそれぞれ1～2文しか書けていないため、C評価となっている。

② 「なか」の2文目以降を書けないまま時間になってしまったため、一次原稿では書いていた「まとめ」が二次原稿に反映されなかった。

② C評価の作品（3回目「班・係活動」）

【小論文書き方ワーク】

キーワード表
① 教科連絡
② 教室そうじ
3
4
5

↓

まとめの表
なか1　教室そうじ
なか2　教科連絡
まとめ　めんどうくさいけど楽しい

【一次原稿】

（なか1）僕は放課後当番で教室そうじをしている。

（なか2）僕は学習係で体育と技術の教科連絡をしている。

（まとめ）どちらもめんどうくさいけど楽しい。

【評価　C】

時間内に、「はじめ」「なか2」「まとめ」「題名」を書き終えましょう。

【二次原稿】

題名「自分の仕事」

僕は放課後当番で教室そうじをしている。まず黒板のほうからゴミをはいて、その後に机を前に出している。次にバケツに水をくんできてからぞうきんをぬらして机をふいている。後ろにたまったゴミをすてて、ゴミ箱にたまったゴミを一階にあるゴミ箱にすてて、そうじが終わる。

僕は学習係で体育と技術の教科連絡をしている。教科連絡は、次の授業の持ち物をホワイトボードに書く。

【考察】

① 授業時間内に「はじめ・なか・まとめ」の形式で書き終わらなかったことが、C評価の理由である。

【解説】

○「はじめ」を書いていない。

◎「なか1」をそうじの手順が分かるように詳しく書いている。

○「なか2」が3行で終わっている。

○「まとめ」を書いていない。

② 「なか1」が、教室掃除のことを詳しく7行で書いている点がよい。

③　B評価の作品（2回目「炊事学習」）

【小論文書き方ワーク】

キーワード表
① かまど作り
2 火おこし
3 デザート作り
④ 肉を守る
5 レク

↓

まとめの表
なか1　かまど作り
なか2　肉を守る
まとめ　大変だった

【一次原稿】

（なか1）僕は、買い物班が帰ってくる前にかまど作りをした。

（なか2）僕は、調理中にカラスが来るので、肉を守った。

（まとめ）二つとも大変だったが、楽しい炊事学習になった。

〔評価　B〕

「なか1・2」を詳しく書くことができました。

【二次原稿】

題名「二つの仕事」

僕は、炊事学習で二つの仕事を担当した。

僕は、買い物班が帰ってくる前にさとらんどへ行き、かまど作りをした。僕は、炊事学習に行く前にかまど講習会をしている。その時にはまだ知識が無かったが、係との協力のおかげでかまど講習会は上出来だった。炊事学習当日では、かまど作りは、上手くいった。かまど作りはいい経験になったと思う。

僕は、班のみんながカレーを作っている時にカラスが肉に向かっておそっていたので、Hさんに「肉を守って。」と言われ、肉を守った。調理が終わったころには、僕はへとへとになった。でも炊事学習は無事に成功した。

どちらの仕事も大変だったが、炊事学習は成功したのでよかったと思う。

〔考察〕

① 「はじめ・なか・まとめ」をそれぞれ書いているが、「なか」に感想が多い。

〔解説〕

○「はじめ」で概要を書いている。

○抽象的な語である「協力」や「上出来」「上手くいった」「いい経験になった」という感想が含まれている。

○「肉を守る」は抽象的で、具体的にどんな行動をとったかが分からない。「無事に成功した」は感想である。

○「まとめ」に「なか1・2」に共通した感想を書いている。

② この生徒は次第に「なか」に事実のみを書けるようになっていったが、字数を満たすために感想を書く傾向にある。

④　B評価の作品（4回目「二学期の行事」）

【小論文書き方ワーク】

キーワード表
1　陸上競技大会
②　学校祭
③　合唱コンクール
4
5

↓

まとめの表
なか1　学校祭
なか2　合唱コンクール
まとめ　疲れた

【一次原稿】

（なか1）私は、学校祭でダンボールアートを作った。

（なか2）私は、合唱コンクールで「明日へ」を歌った。

（まとめ）どちらも大変で疲れた。

【評価　B】

「なか1」「なか2」を詳しく書くことができました。

【二次原稿】

題名「初めての学校祭と合唱コン」

私は初めて学校祭と合唱コンクールを体験した。

私は学校祭でダンボールアートを作った。教室発表で私は有名人チームだった。有名人チームではモナリザなどのダンボールアートを作った。一番時間がかかったのはモナリザだ。モナリザははがす所が多くて、ダンボールがフニャフニャになっていた。本番では見にきてくれた人達からすごいと言われた。

私は、合唱コンクールで「明日へ」を歌った。私は、アルトだった。放課後の練習の時は、パートリーダーからのアドバイスなどを聞いて何回も歌った。合唱交流もした。他の学年はすごい声が出ていた。体育館にいつもより声がひびいていた。

どちらも大変で疲れた。でもみんなと協力してできた行事だからとても楽しかった。

【解説】

○「初めて」は「中学校に入って初めて」とした方が分かりやすい。

○学校祭準備での制作の様子を詳しく書けている。

○合唱コンクール全般に触れていて、中心となる事柄が練習なのか本番なのかが分かりにくい。最後の文が感想になっている。

○「なか1」「なか2」に共通した感想を書けている。

【考察】

①　「はじめ・なか・まとめ」をそれぞれ書けている。

②　「なか」の中心となる事柄が不明瞭で感想も書かれている。

⑤ A評価の作品（3回目「班・係活動」）

【小論文書き方ワーク】

キーワード表
① 保体係の仕事
② 班での掃除
3 給食当番
4
5

←

まとめの表
なか1 班での掃除
なか2 保体係の仕事
まとめ 忘れないように気を付ける

【一次原稿】

（なか1）班では当番がまわってくる。
（なか2）もう一つ、私には保体係の仕事がある。
（まとめ）どちらも小さいことだが、大切な仕事だ。

【評価 A】

「なか1・2」が詳しく書けていて、「まとめ」との一貫性もあります。

【二次原稿】

題名「忘れてはいけない仕事」

三組は五班まであるが、私は一班になっている。

班では当番が回ってくる。その中には、班での掃除がある。教室掃除では、まず先生の机などをよけ、黒板側からほうきでゴミをはく。その他のあいている場所のゴミをはいたら、みんなで机を運ぶ。出てくるゴミをさらにほうきではきながら、うしろに集めてちりとりをして、掃除が終わる。

もう一つ、私には保体係の仕事がある。保体係では給食でパンかめんが出てきた時に、それを配る係だ。給食台が教室に入ってきたら、今日はパンやめんのメニューかどうかを確認し、そうだったらそれをみんなに配る。最後は先生の分を配って、もらっていない人がいないかを確かめる。

どちらも小さいことだが、大切な仕事だ。忘れるとみんなが困るので、大変だけど忘れないように気をつけないといけないと思う。

【考察】

① 「なか1」「なか2」ともに詳しく書けている。「なか」と「まとめ」の整合性もとれている。

【解説】

○「なか1」は班活動だが「なか2」は係活動なので、全体のあらましになっていない。

○教室の掃き掃除について詳しく書けている。

◎給食時間の仕事について、順を追って詳しく書けている。

○「まとめ」は4行になってもよいこととした。二つの仕事の共通する意見が書かれている。

② 「はじめ」と「なか」との関連が薄いので、班と係の活動について述べることが分かるように改善する余地がある。

⑥ A評価の作品（5回目「中学1年の思い出」）

【小論文書き方ワーク】

キーワード表

① 部活の大会
② 学校祭
3 合唱コンクール
4 一学期末テスト
5 陸上競技大会

↓

まとめの表

なか1	部活の大会
なか2	学校祭
まとめ	一生懸命頑張った

【一次原稿】

（なか1）昨年の九月二十八日、学校祭が行われた。
（なか2）十二月には、部活の大会に出場した。
（まとめ）どちらも、とても一生懸命頑張った。

〔評価　A〕

「なか1・2」が詳しく書けていて、「まとめ」との一貫性もあります。

【二次原稿】

題名「一生懸命頑張ったこと」

中学一年の間には様々な行事があった。

昨年の九月二十八日に学校祭が行われた。私は廊下に掲示する四次元ポケットと、教室に展示する暗記パンを作った。四次元ポケットは、青と白の絵の具をダンボールに塗り、紙粘土で作った鈴などで飾った。暗記パンは白と茶色の画用紙を暗記パンの形に切り、中に新聞紙を入れて画用紙を貼り付けた。

十二月上旬には、バドミントン部の大会に出場した。同じ学校の生徒で団体を組み、ダブルスで戦った。私は自分の団体のキャプテンとして参加した。大会当日まで、団体のメンバーと何度もルールを確認したり、戦術や作成を考えたりして臨んだ。結果は、一回戦で対戦した学校に三―〇で敗退した。

どちらも、とても一生懸命頑張った。

〔解説〕

○全体のあらましが書けている。

◎学校祭準備の作業内容が詳しく書けている。この学級のテーマが「ドラえもんの展示」であることを書けているとさらに良い。

◎キャプテンとしてどのように努力したかが具体的に書けている。

○二つの体験に共通した感想が書けている。

〔考察〕

① 「なか」が詳しく書けていて、体験した内容が分かりやすい。

② 「はじめ」と「まとめ」が短いので、詳しく書けるとさらによい。

⑦ 個人の変遷

一人の生徒の小論文の変遷を次に示す。

1回目「家の手伝い」は「はじめ」に感想が書いてあり、「なか」の書き方にも文法的な誤りや分かりにくい表現があったためB評価であった。

2〜4回目（「炊事学習」・「班・係活動」・「二学期の行事」）もB評価で、ここに掲載した3回目は「なか」の書き出しが一次原稿のままで、係名より先に仕事内容を書いているため1〜2文目のつながりが不自然だった。

5回目「中学1年の思い出」はそれぞれの段落の役割を理解し、特に「なか」を順序よく詳細に書くことができたためA評価となった。

二次原稿　題名「つらい手伝い」（1回目）

僕は、つらい家の手伝いをしている。

僕は、母が不在の時、皿洗いをした。兄は、母が作った料理を兄は食べて皿を片付けたが皿を洗わず放置しているから、しかたなく、皿を洗った。大きい皿から小さい皿までていねいに洗った。兄は、また皿をふやした。今度はコップ一個だったから、ていねいにすみずみまで洗った。

僕は、荷物の手伝いをしている。これは、親がついて来いといったからついていった。重い荷物から軽いにもつまではば広く対応した。両手がふさがっていて、お母さんが「トレーニング」といっていた。とても時間がかかった。両手のトレーニングも無事に終わった。

どちらも時間がかかってつらかった。でも、けい続していきたい。

○「はじめ」に感想を書いている。

○1文目の後に不要な改行があり、2文目に「兄は」が二度ある。キーワードは皿洗いだが、兄の行動が中心のような印象を与える。

○「なか1」同様、不要な改行がある。「荷物の手伝い」は「荷物持ちの手伝い」だが、どのような状況か分からない。また、最後の2文は感想になっている。

○不要な改行があるが、感想は「なか」の内容と合っている。

〔評価　B〕

「はじめ」はあらまし、「なか」は事柄を書きましょう。

〔考察〕

①「はじめ」に感想を書いてはいけないことや、原稿用紙の使い方等に関する理解が不十分である。

②「なか」をどちらも7行書けているのはよい。

③「なか」の文に不正確な点があることや中心となる事柄が分かりにくいため、B評価となった。

二次原稿　題名「清掃と教科連絡」（3回目）

僕は、係活動とそうじをしている。

教科連らくを先生に聞きにいっている。学習係に所属している。主に英語の時間に聞きにいっている。授業の終わりに教科担任の先生に聞いていて、昼休みに聞きに行った内容をホワイトボードに書いている。時々、音楽の教科連らくの人が休んでいたら、音楽の先生にも聞きにいっている。

教室せいそうを班のみんなでしている。自分は五班にいる。せいそうでは自分はゴミ捨てに行ったり、ほうきでゴミをはいている。時間は分からないが、放送が終わるまでには終わっていることが多い。五班ではちりとりを誰がやるかとか、ゴミ捨てを誰がやるかとかが多い。

みんながんばっているのでがんばりたい。やらなくてもいいならやらないが、学校のきまりなのでがんばっている。

○「係活動と当番活動」もしくは「教科連絡の係と掃除当番」が適切である。

○一次原稿のままの書き出しになっているが、2文目を先に書いた方がよい。内容は具体的に書けている。

○「なか1」同様、2文目を先に書くべきである。「放送」とは下校を促す放送のことで、時間内に終わっていることを書こうとしている。最後の文の意味が分からない。

○ここでは「まとめ」を4行まで書いてよいことにしている。仕方なく頑張っている心境が書かれている。

〔評価　B〕

「はじめ・なか・まとめ」の構成で書くことができました。

〔考察〕

①「なか1」を正確に書けるようになった。

②「なか2」も感想・意見を書かないように努めているが、分かりにくい表現が含まれている。

③字数は満たせてはいるがA評価ではなくB評価となった。

二次原稿　題名「試合と昼休み」　（5回目）

この一年で色々な経験をしている。

○抽象的な表現となっている。

バレー部の試合が冬休みにあった。自分は人数合わせでS中の試合にでた。自分はまだ、ローテーションが分かっていなかったのでS中のキャプテンに教えてもらいながらやっていた。サーブの出番が回ってきて、サービスエースが決まった。その後も試合は続いて二十五対十八くらいで勝った。

◎試合の様子が詳しく書けている。点数を正確に書けるとよい。

昼休みにしゃべったり遊んだりしている。昼休み体育館が使える時は、バスケットボールやバレーボールをしている。主にバスケットボールでは試合をし、バレーボールではレシーブをしている。使えない時は教室でくだらない話をしている。時々S君とサッカーの話をする時もある。

◎昼休みの過ごし方について具体的に書いている。「昼休み体育館が」は「昼休みに体育館が」と書くべきである。

どちらも楽しかった。試合にまた出たり昼休みにしゃべったり遊びたい。

◎「なか1」「なか2」に共通した感想を書けている。「しゃべったり遊びたい」は「しゃべったりして遊びたい」と書くべきである。

【評価　A】

「なか1・2」が詳しく書けていて、「まとめ」との一貫性もあります。

【考察】

① 文法の誤りは見られるものの、原稿用紙を正確に使えるようになった。
② 各段落の役割と関係も理解しつつあることが分かる。
③「なか」の記述が具体的になり、感想や意見が全くなくなった。

4　成果、課題、他の「書く」活動への影響

5回目の学習の終了後に一年間の小論文の取り組みの振り返りを行い、成果と課題を検証した。

(1)　成果

小論文を五度書いたことで生徒が感じた成果としては「文章を書くスピードが早くなった」「1回目は絞り出しながら書いていたが、3回目ぐらいから7行では足りないと思うようになった」「小論文の構成を理解した」「感想・意見を交えず事実だけを具体的に書けるようになった。数字や日付を入れるとより具体的になるということが分かった」「だんだん幼稚でない文になった」等があった。

(2)　課題

課題として書かれていたのは「もっと詳しく書きたい」「事実と感想を混ぜないようにしたい」『「はじめ」を上手く書きたい」等だった。特に「数字を入れて詳しく書きたい」「話の中心を明確にしたい」等、「なか」の内容を充実させたいという記述が目立った。

これらのことから、小論文を書く活動を繰り返すことで一定の形式に従って書く技術が向上したことが分かる。実際に、A評価となった生徒は1回目から5回目までで7%・12%・8%・18%・28%と推移し、全学級とも5回目が最も多かった。また、他教科のレポートや総合的な学習の時間の発表

等、他の「書く」活動で学習の成果を実感できたという感想が多く見られた。あらゆる場面で「はじめ・なか・まとめ」の形式が生かせるということに気づき、実践している生徒がいることが分かった。

その一方で、「詳細に書く技術を身につける」ことや「事実と感想を確実に分ける」こと等の課題も明らかになった。特に「なか」における事実と感想については、授業の中でも「『みんなで協力した』は感想になりますか」「『盛り上がって大成功だった』ことを事実として表現するにはどうしたらいいですか」等の質問が多かった。今後もこの学習を続ける中で多くの例文に触れさせ、理解させたい。

(3) 他の「書く」活動への影響

他の「書く」活動に生かせそうなこと（または生かしたこと）には「職業調べの感想」「他教科のレポートで小論文の構成を意識して書くと上手くまとめられた」「生徒会誌の学級のページを書くときに小論文で勉強したことを生かした」「職業調べのスピーチ」「学校行事の作文を上手く書けた」「他の授業でも書くことが楽になった」等が挙げられている。小論文の学習で身についたことが他教科や日常活動に生かせていることが明らかになった。

【2】全学年が論理的文章を書ける
―東京農業大学第三高等学校附属中学校―

1　特色

(1)「論理の時間」を学校で統一して設定

本校では、論理的思考力・表現力を中高六年間で身につけさせることを目的として、二〇一八年度に中学校の全生徒に対して、「論理の時間」という授業を設定・実施した。高校の国語総合や現代文の授業で行う論理的文章の読解学習だけでは、大学入学共通テストの記述問題に解答する能力を十分に育成できないことと、大学受験前に提出する志望理由書の記述や、入学試験で実施する小論文試験の記述に対して、十分な対策ができていないと認識したためである。

二〇一八年度に実施した「論理の時間」では、論理的思考力・表現力を育成するために、中学校で統一した指導を行っている。目標は、中学生全員が論理的に考えるようになり、論理的な文章構成をもつ文章が書けるようになることである。具体的な学習内容は、学校生活をテーマにした４００字の小論文を、「はじめ・なか1・なか2・まとめ・むすび」の形式で、一年間に5回書くことである。

この学習のときに、生徒は、学校生活という体験を言語化する。例えば、事実の意義に着目して単語で記述する名づけや、一つの観点・意味に基づいて事実を詳細に記述する描写や、複数の事実から共通する性質を抽出して記述する考察などである。このように、体験を言語化して単語や文章で記述することによって、具体（体験・事実）と抽象（言葉）とを関係づける帰納論理という思考形式と、具体的な描写による事実の詳細な記述法とを身につけることができる。

(2) 一人の教師が全学年を週に1時間指導

中学1年から3年までの国語の授業のうち1時間を、「論理の時間」として、一人の教師が指導している。私が教頭となった二〇一八年三月に、国語科の教科会議で、中学校の国語の授業1時間を、論理的文章を書く学習に充てることを提案したことがきっかけである。しかし、教科として指導法を研究する機会がなかったため指導経験がなく、提案者の私が一人で全学年を指導することとなった。

授業では、「段落」「キーワード」「文章構成」の概念を学習するために、「はじめ・なか1・なか2・まとめ・むすび」という文章構成で書いてあり、各段落のキーワードが明確な「リライト教材」という文章を集めた教材集を使用した（私家版　長谷川祥子編著・東京都台東区立東泉小学校著『国語科・論理的表現力を育成する教材集（小・中学校編）』二〇一八年、第二版は二〇一九年）。リライト教材は、論理的文章を読む・書く学習に必要な、「段落・キーワード・文章構成」の学習に役立つばかりでなく、リライト教材の「なか」の記述が、具体的事例の書き方のよい見本にもなる。

また、帰納論理をはじめとした論理的思考力を育成するための教材集も使用した（私家版　長谷川祥子編著『国語・論理の教材集』二〇一九年）。例えば「事実と意見の区別」、『図・表・グラフの読み取り』という問題を解くことで、名づけ・描写・考察という言語の特質である論理的思考力を身につけられた。

(3)　全校で同様のテーマ・指導計画・字数で指導

中学1年から3年まで、同様のテーマで小論文を書く。同様のテーマで書いた小論文は、3年間分の作品を各自のファイルに保管させることができる。こうして3年間同じ指導計画で授業を行うことで、同一テーマで書いた小論文を保管しておくと、学年が進むにつれ小論文の書き方に習熟することができ、作品を読み比べることができる。例えば、学年が進むにつれて「なか」の段落の記述文字数が増えて詳しく書けるようになった等、文章の書き方が上手になっていることを自分で確認できる。

2　学習指導計画（二〇一八・二〇一九年度）

生徒が400字の小論文を書くときのテーマは学校生活を中心としたものにしている。生徒は、大人に比べて社会経験が少ないので、社会事象をテーマにして書かせると、雑誌・新聞・教科書等に書いてある他人の文章を書き写すことや、具体的な体験の記述がない抽象的な文章を書くことが多くなる。

学校生活など身近なできごとをテーマにして書くと、生徒が自分の体験を言語化する機会となる。生徒は自分自身の体験を思い出し、考察によって体験の価値を見いだし、相手意識をもって詳しく記述するなど、論理的思考力・表現力を身につけるための言語活動を行うことができる。また、同一の体験を基に書いた文章は、事実の記述を比較しやすいので、他者の文章から上手な書き方を学ぶことができるという利点もある。同一の体験を基に書いた文章から、事実の選択の仕方や、事実の詳細な記述に個性が表れることに気づき、他者の個性に気づき尊重する態度を育てるよい機会にもなる。

年間5回の小論文のテーマは次のとおりである。

第1単元	第2単元	第3単元	第4単元	第5単元
家の手伝い	体育祭	文化祭	係活動	一年間の思い出

3 生徒作品

次に、生徒作品を、「C評価」「B評価」「A評価」「一人の生徒の変遷」で示す。「C評価」の生徒も、一年間を通して「BまたはA評価」がつくまでになった。評価の基準は次のとおりである。

C評価は、時間内に書き終わらなかった作品、または、意味段落の役割を守っていない作品である。

B評価は、意味段落の役割が守られているけれども、「なか」の詳しさが不足する作品である。

A評価は、意味段落の役割を守り、かつ、中心を決めて詳しく「なか」を書いている作品である。

① C評価の作品（1回目「家の手伝い」中学2年）

【小論文書き方ワーク】

キーワード表
① 靴を揃えた
2 食器を洗い、乾かす
③ 片づけをした
4 あたり前の事をした
5 ほめられ、うれしい

↓

まとめの表
なか1　片づけ
なか2　靴をそろえた
まとめ　きれいになった

【一次原稿】
（なか1）掃除をした。
（なか2）靴をそろえた。
（まとめ）きれいになった。

【二次原稿】

題名「　　　」

玄関を掃除する時は、始めに玄関を開け、靴をどかして箒ではく。そしてゴミを捨てて玄関を閉めた。

〔解説〕
○「題名」を書いていない。
○「はじめ」を書いていない。
○「なか1」を書いている。
○「なか2」を書いていない。
○「まとめ」を書いていない。

〔評価　C〕
時間内に、「はじめ・なか2・まとめ・題名」を書き終えましょう。

〔考察〕
① 授業時間内に「はじめ・なか・なか・まとめ」の形式で書き終わらなかった。
② 「キーワード表」の「4　あたり前の事、5ほめられ、うれしい」は判断を述べているから、「なか」に書くこととしては、ふさわしくない。
③ この生徒は、2回目以降は「B・A評価」をとるようになった。「5　成果、課題、他の『書く』活動への影響」で述べるように、1回目は、約四分の一の生徒が時間内に書き終えることができず、C評価であった。

② C評価の作品（4回目「係活動」中学1年）

【小論文書き方ワーク】

キーワード表

1 給食
② 校紀委員
③ 号令係
4
5

←

まとめの表

なか1 校紀委員
なか2 号令係
まとめ 役に立った

【一次原稿】

（なか1）私は校紀委員になった。
（なか2）授業の始めと終わりを取り締まる号令係になった。
（まとめ）自分は役に立ったと思う。

【評価 C】

時間内に、「題名・はじめ・なか2・まとめ」を書き終えましょう。「なか1・2」には、感想・意見を書かないようにしましょう。

【二次原稿】

題名「いつもの仕事」

私は、校紀委員になった。なぜかというと、学校の風紀は、常に綺麗にする仕事がしたいからだ。私は今、ポスターを作っていたが委員会の周りのみんなは、それほど手伝ってくれないのが残念だ。

クラスの仕事では、授業の初めと終わりを取り締まる号令係になった。この仕事は、それほど大変ではないが、別の人が、ボーッとしている時、私がしないといけない。

この二つの仕事は、役に立ったと思う。

【解説】

○「はじめ」を書いていない。

○「学校の風紀は」の文の意味が不明である。「なか」の記述に「残念だ」という感想は不要である。また、「今、ポスターを作っていた」は意味が不明確である。

○号令係の仕事が「取り締まり」だとするのは判断である。「大変ではない」という表現も感想であるから、不要である。

○「まとめ」を書いている。しかし、「なか」の記述との整合性がない。

【考察】

① 時間内に「はじめ・なか・まとめ」の形式で書き終わらなかった。「なか」を書くことに時間がかかったためだと思われる。

② 「なか」には具体的事例を一つ詳しく書くが、「なか1・2」ともに、感想を書いている。

③ 時間内に書き終え、「なか」に感想・意見を書かないように推敲していれば、B評価となる。

③　B評価の作品（1回目「家の手伝い」中学2年）

【小論文書き方ワーク】

キーワード表
①　お風呂そうじ
②　食器洗い
3　洗たく物たたみ
4　料理の手伝い
5　部屋そうじ
6　トイレそうじ

↓

まとめの表
なか1　お風呂そうじ
なか2　食器洗い
まとめ　水がつめたかった

【一次原稿】
（なか1）先週の日曜日、お風呂そうじをした。
（なか2）先週の日曜日、食器洗いをした。
（まとめ）水がとてもつめたかった。

【評価　B】
意味段落の役割が守られています。「なか」に感想を書かないように気をつけましょう。

【二次原稿】

題名「大切な仕事」
私の担当の仕事は、お風呂そうじと食器洗いだ。

一ヶ月前くらいにお風呂そうじをした。まず壁から洗い始める。そのあとにゆかや細かいところを洗っていく。高い位置をそうじしていると体がぬれてしまって大変になる。

三週間前くらいに食器洗いをした。まず油が多くついた食器から始める。なかなかよごれがとれなくてやりたくなくなるが、すべて洗い終わったあとの達成感はとてもいい気持ちになる。

お風呂そうじも食器洗いも水がとてもつめたく大変な仕事だった。

【解説】
○簡潔に、文章全体のあらましが書いてある。
○風呂掃除のことが詳しく書いてある。「大変になる」は、感想なので不要である。体が濡れないように気をつけていること等を書くとよい。
○食器洗いのことが詳しく書いてある。「すべて洗い終わったあとの達成感は」以下の文は、感想なので不要である。
○「水がとても冷たく大変な仕事だ」という、「なか1・2」の共通する性質が書いてある。

【考察】
①　授業時間内に、「はじめ・なか・なか・まとめ」の形式で、意味段落の役割を守って書き終わり、「なか1・2」を詳しく書いている。
②　「なか」に感想が記述されており、詳しさがやや不十分である。

④　B評価の作品（2回目「体育祭」中学3年）

【小論文書き方ワーク】

キーワード表
① 大縄跳び
2 片づけ
3 体操
4 仮装競走
⑤ 綱引き

↓

まとめの表
なか1　大縄
なか2　綱引き
まとめ　つかれた

【一次原稿】
（なか1）大縄で優勝した。
（なか2）綱引きで全勝した。
（まとめ）とてもつかれた。

〔評価　B〕
意味段落の役割を守り、「なか1・2」に中心を決めて詳しく書いています。

【二次原稿】

題名「みんなでつかめた勝利」
五月三十日に、体育祭があった。

長縄跳びは、クラスごとに分かれておこなった。みんなと声を合わせ、一緒に数を数えながら跳んだ。自分のクラスは三分間の間で十九回も跳ぶことができた。

綱引きでは、一組と二組に分かれて戦った。みんなで、力を合わせ、声を出しながら綱を引いた。一回戦、二回戦と、二回に分かれていたが、どちらも勝つことができた。

みんなと協力して勝つことができて、とてもうれしかった。

〔考察〕
① 授業時間内に、「はじめ・なか・まとめ」の形式で書き終わっている。

〔解説〕
○簡潔に、文章全体のあらましが書いてある。
○長縄跳びのことが詳しく書いてある。
○綱引きのことが詳しく書いてある。
○「なか1（長縄跳び）」「なか2（綱引き）」の二つに共通する性質（感想）が書いてある。

② 「なか1・2」を中心を決めて、詳しく書いている。

⑤　A評価の作品（4回目「係活動」中学1年）

【小論文書き方ワーク】

キーワード表
①　図書委員会
②　配ぜん
3　体育係
4　教室掃除
5

→まとめの表
なか1　図書委員会の当番
なか2　配ぜん
まとめ　楽しかった

【一次原稿】
（なか1）図書委員会の当番をした。
（なか2）配ぜんの当番をした。
（まとめ）楽しかった。

〔評価　A〕
「なか1・2」を詳しく書いていて、「まとめ」との一貫性もあります。

【二次原稿】

題名「やりがいのある仕事」
図書委員と配ぜんの当番をした。

図書委員会の当番をした。当番は週に一回回ってくる。やることは、本棚の整理と貸し出しカードに、借りる人には青のはんこを、返す人には赤のはんこを押す。読書月間という時期には、本を借りに来る人がたくさんで混むので、当番になると仕事が増える。

配ぜんの当番をした。配ぜんはご飯、パン、めんとスープ、おかずと牛乳がある。ご飯、パン、めんは、その日によってやる仕事が異なり、スープはお皿ごしにスープの熱さが伝わってくる。おかずは、サラダや肉・魚などを盛りつける。牛乳は、牛乳とストローをお盆の上にのせてあげる仕事がある。

楽しかった。大変なときもあるけど、やりがいがあっていい仕事ができた。

〔考察〕
①「はじめ・なか・まとめ」の構成で、段落の役割を守り、かつ、中心を決めて詳しく「なか」を書いている。

〔解説〕
○簡潔に、文章全体のあらましが書いてある。
◎図書委員会の仕事が、貸出・返却を中心に詳しく書いてある。「増える」仕事の量などを書くとよい。
◎給食の配膳当番の仕事が、仕事内容の列挙によって書いてある。「お皿ごしにスープの熱さが伝わってくる」の一文が描写であることで、単なる仕事内容の列挙とならずにすんだ。
○「やりがいがあって」以下の文は、「楽しかった」（一次原稿）よりも考察が深まったことを示している。「楽しかった」は一次原稿の名残であり、不要である。

②「本を借りに……混む」（図書）や「お皿ごしに……伝わってくる」（配膳）という記述と、「やりがいがあって」（感想）との間に一貫性がある。

⑥　A評価の作品（5回目「一年間の思い出」中学3年）

【小論文書き方ワーク】

キーワード表
1　修学旅行
2　文化祭
③　合唱コンクール
4　劇団四季
⑤　体育祭
6　語学研修

↓

まとめの表
なか1　体育祭
なか2　合唱コンクール
まとめ　仲が深められた

【一次原稿】
（なか1）体育祭で大縄跳びをした。
（なか2）合唱コンクールで「手紙～拝啓十五の君へ」を歌った。
（まとめ）クラスの仲を深められた。

〔評価　A〕
「なか1・2」を詳しく書いていて、「まとめ」との一貫性もあります。

【二次原稿】

題名「中学の思い出」
　私は中学三年生の学校生活で特に思い出に残っている出来事が二つある。

　一つ目は体育祭での大縄跳びだ。私のクラスは体育祭前から何度も練習した。最初一回も跳べなかったが、何度も練習するうちに二回、三回と跳べる回数が増えていった。また、皆で「一、二、三」というように回数を数えた。本番では十七回跳び、校内で一番になることができた。

　二つ目は十一月の合唱コンクールで「手紙～拝啓十五の君へ」を歌ったことだ。私はピアノ伴奏をした。歌を伴奏と完璧に合わせるために、夏休み前から練習を始めた。左手の指が大きく動く曲だったので、何度も何度も練習した。クラスのみんなとも何度も合わせ、本番では完璧に合わせることができた。

　どちらも仲を深めることができるイベントだった。

　クラスメイトと協力することは、とても大切だ。

〔考察〕
① 構成を整え、段落の役割を守り、中心を決めて詳しく「なか」を書いている。
② 「なか1・2」の記述と、クラスの「仲を深めるイベント」（感想）との間に一貫性がある。
③ 「まとめ」の記述の普遍的価値を、「むすび」で主張している。

〔解説〕
○簡潔に、文章全体のあらましが書いてある。
◎体育祭での思い出が、大縄跳びのことを中心に詳しく書いてある。
◎合唱コンクールでの思い出が、伴奏と歌を合わせるために努力したことを中心に詳しく書いてある。「何度も」という表現が抽象的である。
○二つの行事の意義を、クラスの「仲を深めることができるイベント」と名づけている。
○一つのことに向けて「協力」することの意義を普遍化している。

⑦　個人の変遷（1回目「家の手伝い」・4回目「係活動」・5回目「一年間の思い出」中学1年）

一人の生徒（中学1年）の小論文の変遷を以下に示す。1回目は、「はじめ・なか1・なか2・まとめ」の形式で授業時間内に書き終えることができず、C評価だった。しかし、2回目以降は、授業時間内で四段落を書き終えることができて、B評価であった。5回目には「なか」の書き方が、中心を決めて書けている点と事実が詳しく書けている点で優れており、A評価であった。

二次原稿　題名「　　　　」(1回目)

	○「題名」を書いていない。 ○「はじめ」を書いていない。
学校から帰るとお風呂そうじをする。まず風呂のせんをぬきシャワーでゴミをながす。それから石けんをつけブラシやスポンジなどを使いこすって洗い流す。きれいに洗えていないとザラザラし、きれいに洗えていると、ツルツルする。	○風呂そうじの様子を詳しく書いている。
家の庭にたくさん雑草がはえているのでよく家族で草とりをする。その時、草の根から取らないとすぐに生えてくる。	○草とりの様子を書いているが、書きかけである。
	○「まとめ」を書いていない。

〔評価　C〕
時間内に「題名・はじめ・なか2・まとめ」を書き終えましょう。

〔考察〕
① 授業時間内に「はじめ・なか・まとめ」の形式で書き終わらなかったことが、C評価の理由である。
② 「なか1」は風呂掃除を詳しく6行で書いている点がよい。

二次原稿　題名「大きな仕事」(4回目)

いままでいろいろな大変なことをした。	○「いろいろ」「大変」など抽象的な表現や感想が書いてある。
小学6年生のときにメダカのえさやり当番をした。メダカのえさやり当番では、毎朝決められた量のえさをメダカの入った水そうの中へ入れていた。その水そうの中にいるメダカは6日目に水草に卵を産みつけていた。その卵は小さいが、卵を産むところも見ることができてとても勉強になった。	◎メダカのえさやり当番のことが詳しく書いてある。「とても勉強になった」は感想なので不要である。
中学生になり、初めての日直をした。日直の仕事は、帰りにカーテンを束ねたり、黒板の日付と日直当番の人の名前を次の日のものに書き変え、窓のカギが閉まっているか確認し、今日の出来事を日直日誌に書くことだ。小学校の時には、何回かやったことがあったが、中学生になって初めて日直日誌を書いた。	○日直の仕事を列挙し、詳しい記述になっている。「小学校の時」以下の文は不要である。
メダカのえさやりも毎日えさをあげたり、日直の仕事をしたり大変だった。	○「大変だ」という共通の感想と、「なか1・2」の具体的な記述との整合性が不明確である。「なか」に、「大変だ」といえる記述があるとよかった。

〔評価　B〕
「なか1」「なか2」が詳しく書けるようになりました。

〔考察〕
① 授業時間内に、「はじめ・なか・まとめ」の形式で書き終わり、「なか1・2」が中心を決めて、詳しく書いている点がよい。
② 「なか」と「まとめ」との整合性が明確でない点が、A評価ではなくB評価の理由である。

二次原稿　題名「1年生」（5回目）

　1年生でオリエンテーションと文化祭を経験することができた。

○二つの行事を列挙して文章全体のあらましが書いてある。

　入学してすぐにオリエンテーションがあった。オリエンテーションで一番思い出深いのは、1日目に行った「人文字」だ。人文字は、クラス全員で体を使って文字を作るものだ。一人が上から見える所に登って、「もう少し左。」などと指示を出し、文字を完成させることができた。

◎協力して完成させた「人文字」作りの様子を詳しく書いている。「一番思い出深い」は不要である。

　2学期に文化祭があった。文化祭では、高校生がいろいろな店を出していた。その中で回ったのは、お化け屋しきや射的などだ。お化け屋しきは真っ暗で何も見えず、急に手がぶら下がってきたりした。射的では、1つも的を倒すことができなかったが、アメをもらうことができた。

◎文化祭で回った「店」のことを「したこと」や「見たこと」だけで書いてある。

　オリエンテーションも文化祭も初めてだったがとても楽しかった。

◎「楽しかった」という共通の感想と、「なか1・2」の具体的な記述との整合性が明確である。

　人生いろいろあると思うが一番大切なのは楽しむことだと思った。

○「楽しむ」ことの価値が個人の感想にとどまらないことを主張している。

〔評価　A〕

「なか1・2」を詳しく書いていて、「まとめ」との一貫性もあります。

〔考察〕

① 授業時間内に、「はじめ・なか・まとめ・むすび」の形式で書き終わり、「なか1・2」は中心を決めて、詳しく書いている点がよい。

② 「なか」と「まとめ」との整合性が明確である。

回／評価	A評価（1年・2年・3年）	B評価（1年・2年・3年）	C評価（1年・2年・3年）
1回目	26名（9名・8名・9名）	95名（25名・30名・40名）	36名（9名・17名・10名）
2回目	43名（13名・17名・13名）	97名（28名・29名・40名）	17名（2名・9名・6名）
3回目	53名（24名・17名・12名）	94名（17名・30名・47名）	10名（2名・8名・0名）
4回目	54名（23名・13名・18名）	93名（18名・34名・41名）	10名（2名・8名・0名）
5回目	50名（15名・13名・22名）	101名（27名・39名・35名）	6名（1名・3名・2名）

4　他教科への活用

⑴　五教科の学習レポートを書く

二〇一九年度は、「論理の時間」で学んだ文章構成「はじめ・なか・まとめ・むすび」を生かして、五教科の学習レポートを提出する予定である。一学期に1回のレポートを書くと一年間に15回の練習ができる。「論理の時間」での5回と合わせて、3年間で30回書くことになる。学習レポートの課題は、例えば、「『少年の日の思い出』の主人公は誰か」（国語）、「気候区分のうち二つを説明せよ」（社会・地理）、「鎌倉時代の文化と安土桃山時代の文化の特徴を、例をあげて説明せよ」（社会・歴史）、「三角形の合同条件のうち二つを説明せよ」（数学）、「直列と並列での抵抗の合計値の算出方法を説明せよ」（理科）、「不定詞の用法のうち二つを説明せよ」（英語）等である。

(2) 英語のライティング・スピーキングへの応用

「論理の時間」で学んだ文章構成「はじめ・なか・まとめ・むすび」を、英語のライティングやスピーキングで、英文を書く際に生かしている。自分の考えをまとめて文字で書き表すまでの手順が身につくと、これを英語を書き表すときに活用することができる。一年間の小論文を書く学習を生徒が振り返って書いた感想からも、英語のライティング・スピーキング学習への効果がうかがえる。

5 成果、課題、他の「書く」活動への影響

(1) 保護者からの期待

二〇一八年度に実施した中学校入試の学校説明会で、教育内容の一つとして「論理の時間」での小論文指導を保護者に話した。学校全体で、論理的思考力・表現力を生徒全員に身につけさせて、大学での学問（研究・論文執筆）が円滑に進められるようにし、社会で必要な他者とのコミュニケーション能力を身につけられるようにしていることを伝えた。この目的を達成するために、テーマを決めて、400字の小論文を年間5回書くという授業の内容と、その成果を伝えたところ、複数の保護者から、『論理の時間』の授業内容に期待しており、進学を考えている」という発言があった。この「期待している」という発言からは、論理的思考力・表現力を子どもに身につけさせたいという、社会人として生活している保護者の立場からの期待が感じられる。

(2) 効果測定として実施した検定試験結果

中学2年生・3年生110名が、二〇一八年十一月に、「論理の時間」の指導の効果測定のために、「文章読解・作成能力検定」（日本漢字能力検定協会）を受験した。受験者のうち89名（81％）が合格した。特筆すべき点は、意見文を書く問題（第五問）では、中学2・3年生110名のうち、64名（58％）が60点満点中50点以上の高得点を獲得したことである。今回の平均点が45点であるのに対し、中央値が50点であることから、高得点層に受験生徒の半数以上が集まっていることがわかる。

得点（60点満点）	60点	55点	50点	47点	45点	42点	40点	35点	30点	25点	24点以下
人数（合計110名）	19名	26名	19名	1名	17名	1名	7名	6名	3名	2名	9名

意見文問題では、「第1段落」に「出来事・体験……を述べる」ことと、「第2段落」に「意見を述べる」ことによって、意見文を「二つの段落に分けて書く」という条件が示されている。この条件は、「論理の時間」で学習する小論文の「なか」を第1段落に、「まとめ・むすび」を第2段落に書くことと同じである。解答例（日本漢字能力検定）を見てもこのことを確かめることができる。本校の生徒が、小論文指導で身につけた「段落・キーワード・文章構成」の概念と、具体例を詳しく書く技術を活用した結果、意見文の問題で高得点を獲得できたと考えられる。

(3) 小論文を書く能力は3回目または4回目で向上する

1回目は、全学年157名の生徒のうち約四分の一の36名が、授業時間内に小論文を書き終えることができず、C評価であった。また、「なか」の段落に書いた行数も2行から4行の生徒が多かった。

3回目ないし4回目で、多くの生徒が書き方を理解して書けるようになってきた。教師として生徒の作品を評価しているときに、3回目「文化祭」以降、「なか」を詳しく書ける生徒が増えてきたという実感がある。

「なか」の段落が「詳しく上手に書けている」ときは、二次原稿の「なか」の段落に「◎」の評価印をつけた。評価印「◎」が「なか」についた生徒は、1回目「家の手伝い」では26名であった。「なか1」「なか2」の両方に「◎」がついた生徒を「のべ2名」と数えると、1回目は、のべ33名であった。同様に、2回目「体育祭」では43名（のべ56名）、3回目「文化祭」では53名（のべ74名）、4回目「係活動」では54名（のべ71名）、5回目「一年間の思い出」では50名（のべ70名）と、回を追うごとに「なか」を詳しく書ける生徒が増加した。

回「テーマ」／学年（人）	中学1年（43名）	中学2年（55名）	中学3年（59名）	全学年（157名）
1回目「家の手伝い」	9名（のべ11名）	8名（のべ11名）	9名（のべ11名）	26名（のべ33名）
2回目「体育祭」	13名（のべ15名）	17名（のべ22名）	13名（のべ19名）	43名（のべ56名）
3回目「文化祭」	24名（のべ35名）	17名（のべ25名）	12名（のべ14名）	53名（のべ74名）
4回目「係活動」	23名（のべ35名）	13名（のべ15名）	18名（のべ21名）	54名（のべ71名）
5回目「一年間の思い出」	15名（のべ23名）	13名（のべ20名）	22名（のべ27名）	50名（のべ70名）

教師は、一度の指導で小論文の書き方を全て習得させたくなってしまうものである。けれども、生徒のこうした成長過程をふまえると、一年間かけて指導すればよいという発想で、小論文を書く技術を各回ごとに一つずつ身につけられればよいという程度のゆとりが、教師にあった方がよい。こうし

たわけで、本校では、各回の評価を点数化して、その平均値を学期ごとに評価として出すことはせず、年間の到達度をみて、年間評価としてA・B・Cをつけた。

(4) 授業展開上の問題点

一週間に一回の授業で小論文を書くため、第2回「体育祭」や、第3回「文化祭」をテーマにしたところ、二次原稿を書き始めるまでに、行事実施日から半月が経過したクラスもあった。そのため、「なか」を詳しく書くために行事の内容を思い出すことに苦労している生徒もいた。行事がテーマの場合は、時間をあけずに短期間で書かせる方がよかった。

(5) 生徒による「論理の時間」の授業の振り返り

生徒による一年間の学習への振り返りアンケート(二〇一九年三月十二日～十四日)からは、「文章を書くこと」に関するもの、他の教科の「書く」活動に関するものが挙がった。

文章を書くことに関するものとして、「小論文には形式がある」「『なか』を詳しく書くには、そのこと自体を自分自身が知らなくてはならない」「4回目くらいから、どう表現するかが分かるようになった」「首尾一貫した文章を書くことによって、相手に自分の伝えたいことを、うまく伝えることができる」「思い出を文章にすることで思い出すことができた。文字にすることは大切だ」「相手に分かりやすく伝えるということが大変だと分かった。授業を受ける一年前よりも、文章が書きやすくなった」「思いついたものをすぐ書くよりも、考えて書く方が、はるかによいものができる」「発表の時に頭の中で文を組み立てるのが速くなった」などが挙がった。

他の教科の「書く」活動に関するものとして、「テストの記述で、キーワードを意識して考えて書けるようになった」「数学の証明問題の説明や、英検のライティングの日本文を考える時にとても役に立った」「英語のライティングの問題で、小論文の書き方を用いてみたら、一〇〇点を取ることができた」「筋道を立てて、会話ができるようになった」「数学の証明を書く時に、自分の考えを文に表すことが簡単になった」「卒業文集を書く時に、キーワードを意識しながら書けた」「理科のプレゼンで、みんなに分かりやすく伝える文章を考えられるようになった」などが挙がった。

●第八章● すぐに使える論理の練習ドリル

これまで述べてきたように、中学生が論理的文章を的確に書くためには次の教材が必要である。

1　論理的文章を「書く」ための「読む」教材
2　論理的文章を「書く」教材
3　論理的思考力を育成する教材

「1」は生徒作品が効果的であると「第四章　2(2)　中学生が書いた『小論文』を読む」で紹介した。「2」は、「第五章・1」の「報告の書き方編」を中心に説明した。

「3」はすぐに使えるドリルとして、15種類載せる。論理的文章を書くには、多くの規則が存在する。その規則は説明より例文で考えた方が効果的であった。これらのドリルは論理的文章を構想する前や記述中、推敲の前などで使うことができる。対象学年は目安とお考えいただきたい。

1 基礎 中学1年

問1 学校から一番遠いのは、だれですか。
工藤さんは、今井さんより遠い。
大友さんは、今井さんより近い。
青木さんは、工藤さんより遠い。
答え（　　　　）

問2 一番背が低いのは、だれですか。
山田さんは、佐藤さんより背が低い。
鈴木さんは、佐藤さんより背が高い。
松本さんは、山田さんより背が低い。
答え（　　　　）

問3 二番目に着いたのは、だれですか。
昭夫くんは、健太くんより早く着いた。
由紀さんは、健太くんより遅く着いた。
安達さんは、昭夫くんより早く着いた。
答え（　　　　）

問4 長い順に書きましょう。
利根川は、石狩川より長い。
信濃川は、利根川より長い。
石狩川は、最上川より長い。
答え（　―　―　―　）

問5 地層の新しい順に書きましょう。
ペルム紀は、カンブリア紀より新しい。
ジュラ紀は、白亜紀より古い。
ペルム紀は、ジュラ紀より古い。
答え（　―　―　―　）

【ねらい】複数の事物や対象を比較して、順序よく並べる課題である。

【解答】1 青木さん　2 松本さん
3 昭夫くん
4 信濃川―利根川―石狩川―最上川
5 白亜紀―ジュラ紀―ペルム紀―カンブリア紀

1 基礎 中学2年

問1 一番重いのは、だれですか。
昭夫さんは、道雄さんより軽い。
義男さんは、昭夫さんより軽い。
道雄さんは、義男さんより重い。
答え（　　　）

問2 一番背が高いのは、だれですか。
絵里子さんは、雅子さんより背が低い。
絵里子さんは、君代さんより背が低い。
雅子さんは、君代さんより背が低い。
答え（　　　）

問3 二番目に点数が高かったのは、だれですか。
剛さんは、哲さんより点数が低い。
哲さんは、亘さんより点数が低い。
答え（　　　）

問4 二番目に遠いのは、だれですか。
佐久間さんは、等々力さんより家が遠い。
吉田さんは、等々力さんより家が遠い。
鈴木さんは、佐久間さんより家が遠い。
佐久間さんは、吉田さんより家が遠い。
答え（　　　）

問5 三番目に足が速いのは、だれですか。
君島さんは、増田さんより足が遅い。
安藤さんは、斉藤さんより足が速い。
大木さんは、君島さんより足が遅い。
大木さんは、安藤さんより足が速い。
答え（　　　）

【ねらい】 複数の事物や対象を比較して、順序よく列挙する課題である。

【解答】 1　道雄さん　2　君代さん
3　哲さん　4　佐久間さん
5　大木さん

2 段落 中学1年

論理的文章では、文章を意味のまとまりで区切り、改行します。改行したひとまとまりの文章を段落といいます。
一つの段落には、一つの事柄を書きます。（一段落一事項の原則）一段落一事項で書かれた段落の中心となる言葉がキーワードです。

問　次の文章のキーワードに○をつけなさい。

A　長野県の上高地に、坂巻（さかまき）温泉という一軒宿がある。梓川渓谷（あずさがわけいこく）沿いにある宿で、収容人数は七十人、客室は十八室ある。坂巻温泉の湯は、その昔「子宝（こだから）の湯」として知られた名湯である。

B　騎馬戦の第一回戦、私は逃げた。とにかく敵からかぶとを取られないように、体をのけぞらせ、敵の手の届かない位置に身を置こうとした。私の土台となっている騎馬の人にも大きな声で「右に逃げて」や、「走って」という指示を出した。終了の太鼓が鳴るまで、かぶとを取られなかった。

C　林間学校二日目の夜、キャンプファイヤーを実施した。私は、火の神の役を務めた。白い衣装を身につけ、頭には月桂樹の冠をつけた。私の担当は「勇気の火」だった。火の神の役は一生で一度のことだ。

【ねらい】「なか」の段落から一段落一事項の原則を身につけることで、一段落一事項の原則からキーワードを見つけることをねらいとしている。

【解答】A　坂巻温泉　B　騎馬戦
C　火の神の役

2 段落 中学2年

論理的文章の一つの段落には、一つの事柄を書きます。これを、一段落一事項の原則といいます。一段落一事項の原則で書くと、段落の中心となるキーワードを一つ指摘することができます。

問1　次の文章のキーワードに○をつけなさい。

A　明治二十七、八年の頃K市の県立中学校に新しい英語の先生が赴任してきた。この先生が当時の他の先生たちに比較してあらゆる点で異彩（いさい）を放っていた。

B　フライパンを熱し、バターを入れる。卵を割り、黄身が崩れないように、そっとフライパンに落とす。塩と胡椒を手早く振る。水を三十CCほど入れて、ふたをする。ふたの間から湯気が見えたら、弱火にする。一分ほどたったら火を止める。目玉焼きができ上がる。

問2　次の文章を二つの段落に分けます。二段落目の初めの五字を答えなさい。

我が国において新聞が発行されて以来、最も義援金が集まったのは明治十八年イギリス船ノーマントン号が沈没したときである。このとき、二十余名の日本人が溺死（できし）した。その義援金は予想外の巨額に上った。ノーマントン号沈没の次に義援金が多く集まったのは、摂河二州（せっかにしゅう）の大洪水である。この大洪水も前代未聞の大災害であったが、義援金を贈る人はノーマントン号沈没のときにくらべてはるかに少なかった。

【ねらい】問1は段落のキーワードを見つける課題である。一段落一事項で書かれている段落は、キーワードが明確である。問2は、一続きの文章を二つに分ける課題である。

【解答】1　A　新しい英語の先生

B　目玉焼き

2　ノーマント

2 段落 中学3年

次の文章は樋口一葉「たけくらべ」の冒頭です。

廻れば大門の見返り柳いと長けれど、お歯ぐろ溝に燈火うつる三階の騒ぎも手に取る如く、明けくれなしの車の行来にはかり知られぬ全盛をうらなひて、大音寺前と名は仏くさけれど、さりとは陽気の町と住みたる人の申き、（注・ここで区切れる）三島神社の角をまがりてより是ぞと見ゆる大厦もなく、かたぶく軒端の十軒長屋二十軒長屋や、商ひはかつふつ利かぬ処とて半さしたる雨戸の外に、あやしき形に紙を切りなして、胡粉ぬりくり彩色のある田楽みるやう、裏にはりたる串のさまもをかし、

（注・家の様子はここで終わりである）

上の文章は、一文の区切りがなく、言葉を次々につなげています。段落の区切りもありません。日本では、このような書き方が江戸時代まで続いていました。

明治初期になって、意味のまとまりごとに文章を改行するという形式で新聞の記事が書かれ始めました。森鷗外、夏目漱石ら西欧語の教養を身につけた文学者たちが、段落を作って論説を書きました。

意味のまとまりごとに文章を区切って、改行して一マス空けるという「段落」の統一した形式が確立したのは、昭和になってからです。

問1 「たけくらべ」の冒頭部を区切れ目を意識しながら、声をそろえて読みなさい。

問2　次の文章を二つの段落に分けます。二段落目の初めの五字を答えなさい。

西北隣のロシアシベリアではあいにく地震も噴火もないようであるが、その代わりに海をとざす氷と、人馬を窒息させる吹雪と、大地の底まで氷らせる寒さがあり、また年を超えて燃える野火がある。決して負けてはいないようである。中華人民共和国には地方によってはまれに大地震もあり洪水もあるようであるが、しかしあの膨大な中華人民共和国の主要な国土の大部分は、気象的にも比較的に極めて平穏な条件のもとにおかれているようである。その埋め合わせという訳でもないかもしれないが、昔から相当に戦乱が頻繁で主権の興亡盛衰のテンポが慌ただしくその上にあくどい暴政の跳梁（ちょうりょう）のために、庶民の安堵（あんど）する暇が少ないように見える。

答え（　　　　）

【ねらい】前頁は、段落の発生を説明している。問1は「たけくらべ」の冒頭部の一斉音読によって、読みにくさを確認させる。問2は二つの事柄が書いてある文章を二つの段落に分ける課題である。

【解答】2　中華人民共

3　一段落一事項　中学1年

論理的文章では、一つの段落に一つのキーワードが書いてあります。

問　キーワードを（　）から選び○をつけなさい。

A（タンポポの花　観察　倒伏）

春になると、よくタンポポの花を土手で観察します。観察していると、開花後、花の茎が一度地面に倒伏します。これは花と茎を休ませて、種子に多くの栄養を送り、種子を太らせるためです。再度立ち上がると、綿毛になります。

B（水　エサ　食べカス）

ザリガニは一日に一、二回エサをやる。食べ残さないように与えるとよい。食べ残したエサは、水を悪化させるので必ず取り除く。ザリガニはエサを丸飲みにするのではなく、少しずつかじりながら食べるので、食べカスが出て水を汚しやすい。

C（科と白　日本芸能　狂言）

狂言は日本芸能の一つで、最古の喜劇である。狂言は科（しぐさ）と白（せりふ）によって表現され、笑いを生み出す。能とあわせて行われるが、能とは違い、物まねの要素を含んでいる。能が古典的な題材を取り入れるのに対し、狂言は日常的な出来事を笑いを通して表現する、せりふ劇である。

【ねらい】一段落の短い文章からキーワードを取り出すことで、一段落一事項の原則の理解をねらいとしている。

【解答】A　倒伏
B　エサ
C　狂言

3　一段落一事項　中学2年

論理的文章で一つの段落に一つのキーワードが書いてあります。これを一段落一事項の原則といいます。

問　キーワードを（　）から選び○をつけなさい。

A（江戸時代　　貿易　　鎖国）

江戸時代は日本人の海外への往来や、キリスト教が禁止されていました。朝鮮や琉球との外交関係や、中国人、オランダ人との貿易関係を除くと、他の外国人の日本への渡航も禁止したため、日本は孤立状態でした。一六三九年に鎖国が完成したといわれています。オランダと中国に対し、長崎にかぎって貿易を許し、両国との貿易は江戸時代を通じて行われました。

B（種　　発芽　　ウリ科）

ヘチマはウリ科の一年生つる草です。花は黄色で、夏から秋に咲きます。四月下旬以降に、ポットに種をまきます。間引きを前提に、ポットに三粒、間隔を空けます。間引きは根が絡まないようにするために行います。種をまいたら、ポットをビニールで覆い、二十五度くらいの発芽温度を保ちます。ヘチマが発芽したら間引き、本葉が二、三枚になるまで暖かい所で育てます。五月に入り、気温が安定してきたら植えつけです。

C（散り菊　燃え方　火薬）

線香花火は、和紙のこよりに火薬をひねり込んで作る。火玉から花のような光を出し、火花を散らす。線香花火は普通の花火と違った燃え方をする。一回で四種類の違う様子を見せる。着火してすぐに、中心の玉と短い火花が折り重なり、牡丹のように見える。だんだんと広く火花が飛び散り、その様子が松葉の形に似てくる。一番盛大に燃え上がっている瞬間である。松葉の勢いが収まり、花火がしなだれるように下に伸びて、風に舞う柳のような火花になる。最後は菊の花のように、細い火花が線状に伸びて消えそうになる。この状態を「散り菊」といい、菊の花びらが咲いては散って行く様子にたとえている。

D（メソポタミア地方　古バビロニア王国　ハンムラビ法典）

紀元前一七六〇年頃、ハンムラビがメソポタミア地方を武力で統一し、古バビロニア王国が誕生した。「目には目を、歯には歯を」の復讐法の原則で有名なハンムラビ法典は、この時代に楔形文字で編纂（へんさん）された。これは史上四番目に古い法典であり、裁判の手引き書でもある。この法典には被害者の救済や医療上の誤り、製造物の責任などが見られ、具体的規定が盛り込まれている。

【ねらい】一段落の短い文章からキーワードを抽出することで一段落一事項の原則の理解をねらいとしている。

【解答】A　鎖国
B　発芽
C　燃え方
D　ハンムラビ法典

3　一段落一事項　中学3年

論理的文章では、一つの段落に一つの内容が書かれているのが原則です。一つの段落につき、そこに書いていている内容を一言で表している主要語句（キーワード）や主要な文（キーセンテンス）を見つけることができます。

問　次の段落内のキーワード（話題を表す主要語句）を（　　）から選び○で囲みなさい。

A（エチオピア高原　ゲラダヒヒ　社会生活）

エチオピア高原にすむゲラダヒヒ（ヒヒの一種）はおしゃべりですが、その社会生活にはいくつかの特徴があります。まず、ユニット（家族）と、その上位集団であるバンド（村）からなる重層社会であり、そしてユニット間、バンド間は対等・平等で、暴力を使わない平和社会を形成しています。にわかには信じがたいことですが、多数のバンドが高原に集合する時期、何百頭ものヒヒが入り混じっても、暴力沙汰は一切観察されません。

B（広告　メディア　高度情報化社会）

広告といえば、消費者に商品の購買を訴求する商品広告が思い浮かぶが、政府や自治体が、公益に関するキャンペーンを展開する公共広告、個人や団体が、意見を訴える意見広告などの「モノを売らない」広告もある。日常生活のあらゆる場面に溶け込んでいる広告というメディアについて考えることは、高度情報化社会に生きる消費者、あるいは、情報の受信者である私たちにとって、大変に重要なことである。

【ねらい】一段落一事項の原則を学ぶ課題である。

【解答】A　ゲラダヒヒ

B　広告

4 名前のつけ方 中学1年

問1 次の言葉の定義を一言で書きなさい。

(1) 主に小学校や中学校で、昼食として提供される食事。（　　）
(2) 白や黄色で文字を書かれる、深緑色をした板状のもの。学校で用いられることが多い。（　　）
(3) 電車が乗客の乗り降りのために停車する場所。（　　）
(4) 学校などで、自宅で勉強するよう指示される学習。（　　）
(5) 家族以外で、親しく交わる関係にある人。（　　）
(6) 複数の人によって、企業や団体のことについて意見をやりとりする集まり。（　　）
(7) 思いやりをもって、人に優しく接する様子。（　　）

問2 印象がよい文に○をつけなさい。

(1) A 山田さんは災害で会社に行くべきか分からないので、家で休んでいた。
B 山田さんは災害で会社と連絡がとれないので、自宅で待機していた。
(2) A 北田さんと西野さんは、活発に意見を交わしていた。
B 北田さんと西野さんは、長い時間もめていた。
(3) A 太郎さんは、大学を卒業しても自分の専門的な勉強を続けようと思っている。
B 太郎さんは、大学を卒業しても働かず自分のやりたいことをしようとしている。

【ねらい】 名前のつけ方で、物事を正しくとらえることができるようにする。

【解答】 1 (1) 給食 (2) 黒板 (3) 駅
(4) 宿題 (5) 友達・友人
(6) 会議 (7) 親切
2 (1) B (2) A (3) A

4　名前のつけ方　中学2年

問1　次の言葉の定義を一言で書きなさい。

(1)　北を向いたときに西に当たる方。（　　）

(2)　窓などに用いられる、透明で硬いが割れることもある物質。（　　）

(3)　他人の考えに同意し、認めること。（　　）

(4)　文章の要点をまとめ、短い文章にすること。（　　）

(5)　代表者などを投票して選ぶこと。（　　）

(6)　金銭や資源などをできるだけ使わないようにすること。（　　）

(7)　辛い出来事や自分の望まない状況に耐え忍ぶこと。（　　）

問2　ぼんやりした表現を指摘しなさい。

(1)　今年の生徒会活動は、とても活発でした。あいさつ運動は毎月行われ、募金では目標額のほぼ二倍である十万円が集まりました。学校祭も、八割の人が満足したという結果がアンケートから分かりました。

　来年もいろいろがんばりましょう。

(2)　私は八月一日に、南西高校に見学に行った。校舎は大きく、六十以上の教室があることが分かった。部活動も盛んで、特に柔道部がすごかった。

　南西高校に合格できるよう、勉強をがんばりたい。

【ねらい】名前のつけ方で、物事を正確に把握できることを確認させる。

【解答】1　(1)　左　(2)　ガラス　(3)　賛成
(4)　要約　(5)　選挙　(6)　節約
(7)　我慢

2　(1)　いろいろ　(2)　すごかった

4 名前のつけ方 中学3年

問1 次の言葉の定義を一言で書きなさい。

(1) 申し込みや受付などの最終日となる期日。（　　）
(2) 無事で、危なくないこと。（　　）
(3) 自分の意見や願いなどを相手によく話して、納得させること。（　　）
(4) 喜怒哀楽などの気持ち。心の状態。（　　）
(5) 物事や場所を見に行って、知識をつけること。（　　）
(6) 楽しみや好奇心を満たすために、物事や場所を見ること。（　　）
(7) とことん貫き通したり、すみずみまで行き渡らせたりすること。（　　）

問2 大高さんのテストの結果は次のとおりでした。(1)〜(3)で大高さんはどのように自己評価するのが適切か、例にならって書きなさい。

国語・七十点　社会・八十七点
数学・九十五点　理科・八十四点
英語・八十点

例 いつも全教科満点近くとっている場合。（最悪のできだった。）
(1) いつも全教科五十点程度とっている場合。（　　）
(2) いつもと大体同じくらいの点数だった場合。（　　）
(3) 数学に特に力を入れて勉強した場合。（　　）

【ねらい】 名づけによって抽象的な文言の理解や、似た言葉の定義の違いに気づかせる。

【解答】 1 (1) 締切 (2) 安全 (3) 説得
(4) 感情 (5) 見学 (6) 見物
(7) 徹底
2例 (1) 最高のできだった。
(2) まあまあだった。
(3) 成果が出た。

5 具体と抽象 中学1年

問 具体的に述べている文に○をつけなさい。

(1) A そのうち、打ち合わせをします。
B 五月二十四日に打ち合わせをします。

(2) A 青木さんは、いつも当番の手伝いをして、困った人の手助けしている。
B 青木さんは、親切ないい人だ。

(3) A 隣のラーメン店は、大人気である。
B 隣のラーメン店は、毎日数十人の行列ができている。

(4) A 相手の目を見て、よい姿勢で話を聞きましょう。
B ちゃんと話を聞きましょう。

(5) A 東西高校は、A大学に五十人、B大学に三十人という合格者を出している。
B 東西高校は、大学合格実績がよい。

(6) A 南北高校の見学に行った。校舎は大きくて、変わった教室がたくさんあった。生徒も真面目そうで、さすが南北高生という感じだった。
B 南北高校の見学に行った。校舎は中学校の二倍ほどあり、書道教室や作法室など中学校にはない教室もあった。生徒は真剣に授業を受けていて、服装も整っていた。

(7) A 私は将来、赤井先生のようにどんな生徒でも受け入れ対応し、笑顔が絶えない先生になりたい。
B 私は将来、赤井先生のようにスケールが大きく心の広い先生になりたい。

【ねらい】具体と抽象の関係を、二者選択の問題で考える課題である。

【解答】(1) B (2) A (3) B (4) A (5) A (6) B (7) A

5 具体と抽象 中学2年

問 具体的に述べている文に○をつけなさい。

(1) A 先週の水曜日、田中さんに会いました。
B この間、田中さんに会いました。

(2) A 彼は塾をさぼりがちである。
B 彼は塾に三回に一回程度行く。

(3) A 太郎さんは、万能な人だ。
B 太郎さんは勉強も運動もできて、絵も上手い。

(4) A 吉田さんのように、しっかりしなさい。
B 吉田さんのように、自分の宿題は自分の力でやり、忘れ物をしないように気をつけなさい。

(5) A 二年三組の劇については、脚本や演技がよかったという声があった。
B 二年三組の劇は、わりと評判がよかった。

(6) A 登山遠足の日は非常に気持ちのいい天気で、まさに登山遠足日和という絶好の条件だった。
B 登山遠足の日は晴れていて、適度に風が吹いていて気温も二十度前後だった。

(7) A 白組の応援団長は白田さんだ。白組の約八割の人に推薦されて団長になった。彼は毎朝六時から発声練習をし、五キロのランニングで体力づくりをしている。
B 白組の応援団長は白田さんだ。圧倒的多数の支持を得て、団長の座についた。彼は応援団に情熱を傾けていて、他人には真似できない努力を日々重ねている。

【ねらい】 具体と抽象の関係を考える課題である。心象風景は抽象的であると理解させる。

【解答】 (1) A (2) B (3) B (4) B
(5) A (6) B (7) A

5　具体と抽象　中学3年

問　具体的に述べている文に○をつけなさい。

(1)　A　ものすごく太ってしまった。
　　B　体重が十キロ増えてしまった。

(2)　A　彼の部屋は凝っている。
　　B　彼は部屋のインテリアを工夫している。

(3)　A　この頃、上野さんを見かけない。
　　B　一週間前から上野さんを見かけない。

(4)　A　太郎さんは嘘をつかない。
　　B　太郎さんは誠実そのものだ。

(5)　A　○○国と△△国の首脳会談では経済や外交の問題について意見が交わされ、来月には共同声明を発表することが確認された。
　　B　○○国と△△国の首脳会談は様々な問題が取り上げられる有意義なものとなり、一定の成果を上げることができた。

(6)　A　あなたの病気を治すには、健康に最大限配慮した生活をする必要があります。自分の生活習慣を見直し、できることは全て改善しましょう。
　　B　あなたの病気を治すには、血圧を下げる必要があります。塩分は今までの半分の量にし、毎日二十分以上の軽い運動をするようにしましょう。

(7)　A　この商品を売り込むためには、顧客の年齢層を考慮し、コマーシャルの時刻やポスターのデザインを決める必要がある。
　　B　この商品を売り込むためには、多角的な見地に立ち、顧客の購買意欲を刺激する販売戦略を追求する必要がある。

【ねらい】　具体と抽象の関係を考える課題である。抽象的な表現は、分かりにくい点に気づかせたい。

【解答】　(1)　B　(2)　B　(3)　B　(4)　A　(5)　A　(6)　B　(7)　A

5 具体と抽象 中学・発展

問1 「抽象の梯子(はしご)」(言語学者サミュエル・I・ハヤカワが考案した概念。下に行くほど具体的、上に上がるほど抽象的であることを表した図)の①〜⑥に当てはまるよう、ア〜カを並べ替えなさい。

ア ベッシー(牛の名前)
イ 農場資産
ウ 富
エ 牝牛
オ 資産
カ 家畜

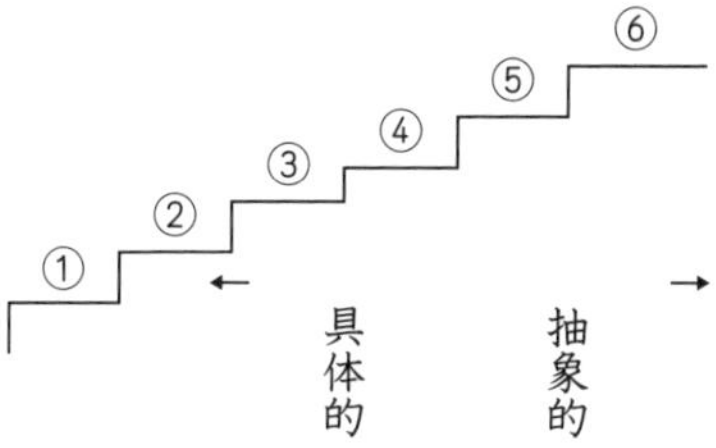

⑥
⑤
④
③
②
①

抽象的 →
← 具体的

問2 次のア〜ウの中で、一番抽象的に述べている文を選び、記号で答えなさい。

A ア 佐藤君は私の考えをよく理解してくれる。
イ 友人は私の考えを汲み取ってくれる。
ウ 自分にとって尊い人は、自身の考えを受容してくれる。

B ア 昨日はテストが近いため、夜は早いうちに就寝しようと思ったが、まだ確認が不十分だった所があり、結局夜遅くまで起きていた。
イ 昨日はテスト前日で夜十時には就寝しようと思ったが、数学の公式を覚え切れていなかったため、結局十一時まで起きていた。
ウ 昨日はテストの一日前で、いつもより早く就寝しようと思ったが、数学の勉強のやり残しがあり、結局寝るのが一時間遅くなってしまった。

【ねらい】 一つの事物・事象について、具体的・抽象的な表現ができる点に気づかせる課題である。

【解答】 1 アエカイオウ 2 A ウ B ア

6　論理的思考の組み立て方　中学1年

問　「1〜4」のうち間違っている番号に×をつけなさい。全て適切な場合は○をつけなさい。

A　お祭り

1　お祭りに行った。
2　たこ焼きを食べた。
3　おみくじを引いた。
4　おいしかった。

B　お祭り

1　お祭りに行った。
2　綿飴を食べた。
3　浴衣が汚れた。
4　楽しかった。

C　お祭り

1　お祭りに行った。
2　ヨーヨーがつれなかった。
3　お財布を落とした。
4　つらかった。

D　お祭り

1　お祭りに行った。
2　ラムネを飲んだ。
3　イカ焼きを買った。
4　盆踊りを踊った。

E　遠足

1　おむすび山に遠足に行った。
2　バスではゲームをした。
3　山頂でお弁当を食べた。
4　楽しかった。

F　遠足

1　おむすび山に遠足に行った。
2　去年は北公園に遠足に行った。
3　山登りで足が痛くなった。
4　大変だった。

【ねらい】推論の仕方を身につける課題である。

【解答】A　3か4が×　B　3が×　C　○
D　4が×　E　○　F　2が×

6 論理的思考の組み立て方 中学2年

問「1～4」のうち間違っている番号に×をつけなさい。全て適切な場合は○をつけなさい。

A 運動会
1 運動会があった。
2 リレーで一位だった。
3 綱引きは三クラス中三位だった。
4 勝ててうれしかった。

B 運動会
1 運動会があった。
2 徒競走では二人抜いた。
3 騎馬戦では五つの帽子を取った。
4 自分の力を出し切った。

C 運動会
1 運動会があった。
2 二人三脚は一度も転ばなかった。
3 リレーでバトンを落とした。
4 くやしかった。

D 当番活動
1 給食当番を行った。
2 配膳台を布巾で拭いた。
3 クリームシチューを配った。
4 大変だった。

E 当番活動
1 山田さんと二人で日直になった。
2 プリントの配布を忘れた。
3 黒板を毎時間、消した。
4 二人で協力して、よくできた。

F 当番活動
1 掃除を行った。
2 日直の仕事も行った。
3 教室をほうきで掃いた。
4 ゴミがなくなりすっきりした。

【ねらい】論理的思考の組み立て方の課題である。

【解答】A 3が× B ○ C 2が×
D ○ E ○ F 2が×

6 論理的思考の組み立て方 中学3年

問 「1〜4」のうち間違っている番号に×をつけなさい。全て適切な場合は○をつけなさい。

A 修学旅行
1 修学旅行で奈良・京都に行った。
2 家のお土産に生八つ橋を買った。
3 嵯峨野でバス停を間違え、遅れた。
4 グループ行動は大変だった。

B 修学旅行
1 修学旅行で奈良・京都に行った。
2 昼食でにしんそばを食べた。
3 祇園で抹茶ソフトをおやつにした。
4 夜中に先生に怒られた。

C 修学旅行
1 修学旅行で奈良・京都に行った。
2 法隆寺の五重塔の実物を見た。
3 清水寺の舞台に上った。
4 歴史を直に感じた。

D 中学校の思い出
1 三年間、吹奏楽部に所属した。
2 クラリネットを担当した。
3 練習はよく休んだ。
4 楽しい三年間だった。

E 中学校の思い出
1 美化委員会に三年間入った。
2 清掃点検を毎週行った。
3 昇降口を毎月、掃除した。
4 学校がきれいになるように、努力した。

F 中学校の思い出
1 男子バスケットボール部に所属した。
2 地区で期待されているチームだった。
3 最後の地区決勝戦は1ゴール差で負けた。
4 悔いが残った。

【ねらい】 論理的思考の組み立て方の課題である。

【解答】 A 2が× B 4が× C ○
D 3が× E ○ F 2が×

7 事実か意見か 中学1年

A 谷川岳は高い山だ。
B 富士山は三七七六メートルの高さがある。

傍線部A「高い」山という言い方は、他の山と比べると「高い」山だとも「低い」山だともいえます。それに対して、B「三七七六メートルの高さ」があるという言い方は、長さの単位（メートル）で表しているから、正しいか間違っているかが分かります。このように、正しいか間違っているかが分かる文を「事実」の文といい、発言者の判断が含まれている文を「意見」の文といいます。論理的文章の「具体的事例」は「事実」の文で書き、「意見」を書いたときには、判断の根拠として、「事実」を書きそえると、説得力があります。

問 次の二つ一組で、事実の文に○をつけなさい。

A 1 国語の宿題がたくさん出された。
 2 国語の宿題は漢字練習と意味調べだ。
B 1 徳川家康は江戸幕府初代将軍である。
 2 徳川家康は非常にがまん強い人である。
C 1 文化祭は大いに盛り上がった。
 2 文化祭の来場者は三六〇〇人だった。
D 1 芸術鑑賞で「ライオンキング」を見た。
 2 芸術鑑賞で最高傑作のミュージカルを見た。
E 1 体育祭の障害物競争で二位になった。
 2 障害物競争でがんばっていい成績だった。
F 1 合唱コンクールの舞台上で足が震えた。
 2 合唱コンクールで歌うときに緊張した。
G 1 給食は毎回残さず食べている。
 2 給食は毎回とてもおいしい。

【ねらい】 体験を言葉にして伝達するときに、判断を交えることが多い。そのことに気づく課題とした。

【解答】 A 2 B 1 C 2 D 1 E 1 F 1 G 1

7　事実か意見か　中学2年

問　次の二つ一組で、意見の文に○をつけなさい。

A　1　ペリーが日本に来た目的は、日本の港を開くことにあったので、通商にはこだわらなかった。

2　アメリカの使節ペリーが四隻の黒船を率いて、江戸湾の入り口にある浦賀に現れた。

B　1　十八世紀になると、木綿や絹織物の繊維製品、酒や味噌・醤油などの加工食品など、農作物を原料とする製造業が緩やかに発展した。

2　製造業の生産は多くの場合、問屋に組織された農家が家内工業として行っていたが、工場制手工業の形をとるものもいた。

C　1　近代産業の発展は、副作用としていろいろな公害問題を引き起こしたが、なかでも大きな社会問題となったのは、足尾銅山鉱毒事件である。

2　栃木県選出の衆議院議員田中正造は衆議院で政府に対策を迫り、被害民らとともに鉱毒防止・銅山の操業停止・被災民救済を訴えた。

D　1　一九一四年六月に、ボスニアのサライエヴォでセルビア人によるオーストリア皇太子夫妻暗殺事件が起こり、七月にオーストリアがセルビアに宣戦布告した。

2　多くの少数民族が住むバルカン半島は、民族紛争と大国の利害が複雑に絡み合い「ヨーロッパの火薬庫」とよばれていた。

E　1　自由党が伊藤博文内閣の計画を支持して連携を宣言し、翌年には板垣退助が内相として入閣した。また、松方正義内閣が、大隈重信を外相として入閣させるなど、進歩党と提携した。

2　巨額な賠償金などを財源にして、大規模な戦後経営計画を実現するために、藩閥勢力と政党との連立内閣がつくられるようになると、政党の発言力はしだいに大きくなった。

F

1　福沢諭吉の慶應義塾、大隈重信の東京専門学校（のちの早稲田大学）、新島襄の同志社などの私学は、時代にふさわしい個性ある学風により、政界・実業界・言論界などに人材を送った。

2　女子教育も必要とされ、明治初年、政府により女子師範学校が設けられ、民間でもアメリカ留学から帰国した津田梅子が、明治後期になって女子英学塾（のちの津田塾大学）を設立した。

G

1　東洋経済新報社の石橋湛山は「最高の支配権」は国民にあり、それを有効にするためには議会政治が最もよいと主張した。

2　吉野作造の説く民本主義は、議会中心の政治を確立しようとする動きを方向づける指導理論となり、言論界などで広い支持を集めた。

【ねらい】歴史の教科書には、事実の文だけではなく、評価や推測など、意見が混在することを知る課題である。

【解答】Ａ　１　Ｂ　１　Ｃ　１　Ｄ　２
Ｅ　２　Ｆ　１　Ｇ　２

7　事実か意見か　中学3年

事実と意見はどちらにも存在価値があります。また、事実の文は「事実の意味」を示します。事実と意見が互いに補完し合うときに「一貫性」が生まれ、この状態を「論理的」だといいます。

問　次の意見に書きそえる「事実」として適当な文を事実1～3から全て選び、○をつけなさい。

A　意見　埼玉県ウォーキング大会では多様な人との出会いがある。

事実1　オランダから初めて参加したという老夫婦と、菅原神社の境内で記念写真を撮った。

事実2　連続二十回参加している秋田県の男性は三日で一〇〇キロ歩くと言っていた。

事実3　中間地点の歴史資料館でチェックをしたら、参加記念バッジをもらえた。

B　意見　山形県への旅行はとても楽しかった。

事実1　山形市内のホテルに泊まった。朝ご飯のときに味噌汁をズボンにこぼして、一人で部屋に戻って着替えをした。

事実2　佐藤農園でサクランボ狩りをした。私は二十個食べたらおなかいっぱいになったが、妹は三十個も食べていた。

事実3　立石寺では、石段を上ったときに、北見先生が、「芭蕉が『閑さや岩にしみ入る蝉の声』の句を詠んだ所だよ」と教えてくれた。

C　意見　植物を、同じ広さの区画に密集して育てても標準的な密度で育てても、最終的収穫量は変わらない。（同じ面積の畑に、大豆を五十株・百株・二百株ずつ植え、百株植えた畑を標準とする。二百株植えた場合と、五十株植えた場合とで比較する。）

事実1　大豆の苗の太さは、二百株植えた畑の苗は標準（百株植えた）の畑の苗より細く、五十株植えた畑の苗は標準の畑の苗よりも太い。
事実2　大豆の豆の固さは、二百株植えた畑の大豆は標準（百株植えた）の畑の大豆よりも固いのに対し、五十株植えた畑の豆は標準の畑の大豆よりも柔らかい。
事実3　収穫した豆の総重量を豆の数で割った、一粒あたりの重量は、標準の畑の豆で〇・四七グラムで、二百株植えた畑の豆が〇・四二グラム、五十株植えた畑の豆が〇・四七グラムであった。

【ねらい】 事実か意見かを区別する学習は、論理的に思考・表現する方法を学ぶ学習の出発点である。この課題は、事実と意見の相互補完性に気づかせるための課題である。課題Cでは、事実3の記述にある「一粒あたりの重量」に違いが見られるが、〇・〇五グラムの違いは誤差の範囲と考えられる。一方、事実2の記述は、意見で述べている「収穫量」という観点からずれているので、不適切である。

【解答】 A　1・2
B　2・3
C　1・3

8　事実（「なか」）の書き方　中学1年

1　「事実」は詳しく書く

例文1　山田さんは先日の放課後、大変な怪我をした。

例文2　五月十七日の五時頃、山田さんはサッカー部の部活動中に大怪我をした。ゲーム練習のとき、相手と激しく接触して転んだときに思わず地面に手をついてしまったようだ。左手の手首の骨を折ったらしい。すぐに病院に運んだが、全治三か月と診断された。当分はギプスで固定されての登校になりそうである。

例文1では「先日・放課後・大変な怪我」等の文言が抽象的で分かりにくくなっています。どういう状況で怪我をしたのも書かれていません。

これに対して例文2は「五月十七日の五時頃・左手の手首の骨・全治三か月」等の記述で読み手には詳細な事実が伝わります。

2　詳しく書くための注意点

事実を詳しく書くための注意点を五つ挙げます。

(1)　固有名詞はできるだけ具体的に書く

×犬の散歩に出かける。

○七歳になる愛犬ラッキーの散歩に出かける。

(2)　5W1Hを意識して書く

×毎朝、散歩に近所まで出かける。

○毎朝六時頃、健康のために大山公園まで三十分程度の散歩に出かける。

(3)　慣用句を使わない

×今回のテストで一心不乱に勉強した。

○今回のテストで毎日四時間以上勉強した。

(4)　書こうとする中心の事柄だけを書く

×今日は四時間授業で、給食は今年最後なので豪勢な献立で、午後から大掃除だった。

○午後から大掃除だった。教室掃除を担当し窓ふきを行い……。

(5) 感想や意見を書かない
×お弁当はボリューム満点でおいしかった。
○鶏の唐揚げやサラダ菜、タコのウインナーと彩りよく入っていた。

3 「事実」は具体的に書く
「事実」を詳しく書くためには、具体的な文言を使います。「荷物がかなり重くて大変だった。」だと、重さの程度が分からない上に感想も述べています。そこで「荷物は十キロくらいあり、運ぶのに一時間かかった。」とすると、読み手に明確に伝わります。

問1 詳しく書いている記号に○をつけなさい。
(1) ア 今朝の気分はビミョーだった。
イ 今朝起きたら寒気がしたので、熱を測ったら三十七度六分だった。
(2) ア 最近、世間はやけに物騒になった。
イ 強盗殺人事件がこの二週間で三回も報道されている。
(3) ア 兄は毎晩バイトに出かける。
イ 兄は毎日七時から九時まで近所の書店のバイトに出かける。
(4) ア 観光地は黒山の人だかりである。
イ 清水寺に二万人もの人が集まっている。
(5) ア 来週の土曜日、内田さんと佐藤さんの三人で渋谷に買い物に行く予定だ。
イ 近いうちに友達と繁華街に買い物に行く予定だ。
(6) ア 七時半からのバレーボール部の朝練ではサーブ練習を二百本行った。
イ 今朝は早く起きて、歯を磨き学校に出かけ、部活動の朝練に参加し、授業中はとても眠かったが、給食を食べてからは、さらに眠気が増した。

問２　例にならって、具体的に書いている記号に○をつけなさい。

例　私は一日中退屈だった。（答え　ア）

ア　朝はテレビのワイドショーを、昼からはドラマの再放送をボーッと夕方まで見続けた。

イ　朝から何となく、やることがなくてボーッとテレビを見続けた。

(1)　今日の遠足はとても疲れた。

ア　みんなで高い山に登った。途中休んだせいもあるが、登るまで結構時間がかかった。

イ　南東山登山をした。三合目と六合目で休憩をし、登り続けた。特に七合目以降は急勾配で、登頂までに四時間かかった。

ウ　山の頂上に着くまでに四時間、休憩は二回だけで、後は急勾配を登り続けた。

(2)　職場体験はとても楽しかった。

ア　コンビニで初めは清掃だった。次にレジを教えてもらい、最後に商品を並べた。

イ　コンビニで、初めの一時間は床とトイレの清掃をした。次にレジの機械の操作や接客の仕方を教わった。最後の三十分はお菓子と飲み物を段ボール五箱分並べた。

ウ　コンビニでちょっと仕事をした。いろいろな仕事をあとからあとから言いつけられるので、かなり疲れた。

【ねらい】　1年は「詳しく具体的に」と指示されても、どう書けばよいかイメージできないことが多い。詳しい文と粗い文を比較し、考えさせる課題としている。

【解答】　1　(1)　イ　(2)　イ　(3)　イ　(4)　イ
(5)　ア　(6)　ア
2　(1)　イ　(2)　イ

8　事実（「なか」）の書き方　中学2年

粗い表現を用いると、読み手の解釈の仕方で事実が正しく伝わらないことがあります。「いろいろ」や「すごい」はよく用いられる粗い表現です。「いろいろ」とは何と何なのか、「すごい」とは何がどの程度なのか、書き手が明らかにする必要があります。

問1　詳しく書いている記号に○をつけなさい。

(1)　ア　あの映画は思っていたように普通だ。
　　イ　あの映画はニュースで話題になったが、映画館に空席がある。

(2)　ア　高校でいろいろなことに挑戦したい。
　　イ　高校で部活動やボランティアなどに参加したい。

(3)　ア　先週の日曜日にケーキやチョコレート、かりんとうなどのお菓子を食べた。
　　イ　この前、いろいろなお菓子を食べた。

(4)　ア　私はだいたいの野菜が苦手だ。
　　イ　私はネギとナス以外の野菜が苦手だ。

(5)　ア　明日、早めに集合しよう。
　　イ　明日、普段より一時間早い午前六時半に集合しよう。

(6)　ア　父の店に来る客は少なく、一日平均四人程度である。
　　イ　父の店は閑古鳥が鳴いている。

(7)　ア　昨日、いつものメンバーで近所をふらふらした。
　　イ　昨日、北本さんと西岡さんと私の三人で南町商店街を見て回った。

(8)　ア　今朝はテスト勉強のために午前五時に起き、数学のワーク五ページ分と四十字の漢字の書き取りをした。
　　イ　昨晩は早めに寝て早起きして、顔を洗ってご飯を軽く食べて、学校に行く支度をしてから、テスト勉強をした。

問２　例にならって、具体的に書いている記号に○をつけなさい。

例　山井さんは元気がない。（答え　ア）

ア　山井さんは登校時から頭痛があって、保健室で体温を測ったら三十八度あった。

イ　山井さんは朝から顔色が悪く、ぐったりしている。

(1)　テスト勉強をがんばった。

ア　テスト対策として、数学のワークを繰り返し解いた。英単語練習も毎日した。

イ　今回のテストは特に数学と英語に時間をかけて勉強した。

ウ　テスト勉強は今までで一番頑張った。

(2)　デパートですごくお金を使った。

ア　デパートでは全部で六万円以上のお金を使った。

イ　デパートではいろいろな物を買ってお金をたくさん使った。特にコートが高かった。

ウ　デパートで二万円の靴と、四万円のコート、三千円のチョコレートケーキも買った。

問３　例にならって次の傍線を詳しく書きなさい。（先週の土曜　スター・ウォーズ　三上さんと二人）

例　私は　先日　映画を　二人で見た。

(1)　毎日　花に　水をやる習慣がある。

(2)　花子さんの　趣味は　いろいろある。

(3)　この夏休み中に　家族と　旅行に出かけた。

【ねらい】　具体的な表現に直す方法に気づかせることをねらいとしている。

【解答】　１　(1)　イ　(2)　イ　(3)　ア　(4)　イ

(5)　イ　(6)　ア　(7)　イ　(8)　ア

２　(1)　ア　(2)　ウ

３例　(1)　毎朝六時ごろ・朝顔

(2)　水泳とピアノ演奏、茶道

(3)　八月の上旬・両親と兄と私の四人・石垣島

8 事実（「なか」）の書き方 中学3年

目に見えない性質も、事実を詳しく書くことで明らかになります。「人間味あふれる人」では「人の話をよく聞いて共感してくれる・だれにでも笑顔で挨拶をする」のように事実を書くことで分かりやすくなります。

問1 詳しく書いている記号を選びなさい。

(1) ア 明日はすごいことになりそうだ。
イ 明日はたくさんのお客さんが来て、レジが大混雑しそうだ。

(2) ア 彼は信念を強くもっている。
イ 彼は一度決めたら、人には頼らずに物事を判断しようとしている。

(3) ア 彼女は優しい話し方をする人だ。
イ 彼女は癒し系だ。

(4) ア 伊藤さんと加藤さんはいつも一緒に行動していて、価値観も似ている。
イ あの二人は一心同体だ。

(5) ア 西町には高級ブランドの店が多くあり、若者向けの雑誌に毎回掲載されている。
イ 西町はオシャレでいつも注目の的となっている、まさに若者の憧れのエリアだ。

(6) ア 私の兄はマニアックだ。
イ 私の兄は好きな映画のポスターを集めたり、関連書籍を買ったりしている。

(7) ア 後藤さんはしっかりしている。
イ 後藤さんは自分の予定を正確に覚えていて、計画的に行動している。

(8) ア 最高学年としての自覚をもつべきだ。
イ 最高学年として、規則を守り、行事で後輩の手本となるように行動するべきだ。

(9) ア 先輩から進学先での生活について話を聞き、受験勉強をする意欲が高まった。
イ 先輩からいい刺激を受けた。

問２　例にならって、具体的に書いている記号に○をつけなさい。

例　夏休みに旅行に行った。（答え　ア）

ア　夏休みに北海道旅行をした。新幹線で函館に行き、イカやラーメンを食べた。

イ　夏休みに北海道旅行をした。函館でおいしいものをたくさん食べた。

(1)　北田さんはとてもいい人だ。

ア　北田さんは優しく、みんなに好かれている。

イ　北田さんは毎日掃除当番の手伝いをしている。昨日は私の荷物を持ってくれた。

ウ　北田さんは働き者で、困っている人の手助けもしてくれる人だ。

(2)　小山さんは、将来性のある若者だ。

ア　小山さんは今年大学を卒業したばかりで、会社の中では一番若い。

イ　小山さんは有名な大学を卒業していて、若手の中では一番がんばっている。

問３　例にならって具体的に書きなさい。

（先週の土曜　スター・ウォーズ　三上さんと二人）

例　私は　先日　映画を　二人で見た。

(1)　国語が苦手な理由は　さまざま考えられる。

(2)　冷蔵庫には　多くのものが　入っている。

(3)　古典的な手法で　米を炊く。

【ねらい】中学生は文学的な表現や抽象的な言葉を使うことで、詳しく書いたと思い込むことがある。具体的な記述方法を身につける課題とした。

【解答】１　(1)イ　(2)イ　(3)ア　(4)ア　(5)ア　(6)イ　(7)イ　(8)イ　(9)ア　２　(1)イ　(2)ウ

３例　(1)　テストの点数が低い・漢字や文法、本が嫌い　(2)　牛乳や卵、肉、野菜など　(3)　土鍋を使って直火で

9 考察（「まとめ」）の書き方 中学1年

科学論文では、複数の個別の事実から共通性（「考察」）を導く形式で、論理を表現します。事実と考察との間にみられる「一貫性」が重要です。この論理を「帰納論理」とよびます。

問 次の1～4のうち、帰納論理の組み合わせとして適当ではない記号に○をつけなさい。

A 1 引き潮の磯で生物を観察した。
2 平泳ぎで三キロの遠泳をした。
3 尾瀬の湿原を三時間も歩いた。
4 砂浜できれいな貝殻を集めた。
まとめ 海浜学園はとても楽しかった。

B 1 お化け屋敷に入るのに三十分かかった。
2 模擬店で焼きそばとケバブを食べた。
3 発明品をプレゼンテーションした。
4 フリーマーケットでゲームを買った。
まとめ 文化祭は二日間とも大いに楽しめた。

C 1 玉入れは青組・赤組とも一勝一敗だった。
2 色別対抗リレーは青組が赤組に勝利した。
3 綱引きでは赤組が青組に二勝一敗だった。
4 借り物競走で南先生がゴール前で転んだ。
まとめ 今年の体育祭は青組・赤組の接戦だった。

D 1 火を囲んでフォークダンスを踊った。
2 途中で雨が降り始め、火が消えた。
3 肩を組んで学年全員で声を合わせ歌った。
4 焼いた熱々のマシュマロを皆で食べた。
まとめ キャンプファイアーは大成功だった。

E 1 地蔵岳に登り頂上から大沼を見下ろした。
2 大沼の湖畔で赤城の風景をスケッチした。

3　覚満淵で湿原に生えた植物を観察した。
4　飯ごう炊さんでご飯を焦がしてしまった。
まとめ　林間学校で自然を満喫することができた。

F
1　遊覧船に乗っていて、帽子が吹き飛んだ。
2　大涌谷では名物の黒たまごを食べた。
3　箱根彫刻の森美術館で多くの美術品を見た。
4　鎌倉では鶴岡八幡宮と大仏に行った。
まとめ　修学旅行はかけがえのない経験だった。

G
1　動物園でコアラを抱いて写真を撮った。
2　ホームステイ先の庭でカンガルーに出会った。
3　博物館で羊毛産業の発展を学んだ。
4　水族館でカモノハシの泳ぎを観察した。
まとめ　オーストラリアの自然を楽しめた。

【ねらい】 事実と考察との帰納論理の形式を身につける課題である。

【解答】
A　3　B　1
C　4　D　2
E　4　F　1
G　3

9 考察（「まとめ」）の書き方 中学2年

問 次の1～4のうち、帰納論理の組み合わせとして適当ではない記号に○をつけなさい。

A 1 農民が土地を捨て、農地が荒れた。
2 荒れ地を農地にしたら所有できた。
3 新農地は国家が持ち主から取り上げた。
4 自分の土地を有力者に預けた。
まとめ 私有地である「荘園」が広まっていった。

B 1 農民が武器である刀や銃を差し出した。
2 大名が領土を治める厳しい法律を作った。
3 全国の農地で取れる米の量を調査した。
4 農民を一定の土地に住まわせた。
まとめ 武士と農民が区別され身分が固定した。

C 1 幕府は統一貨幣を造り全国に流通した。
2 幕府は宿場をつなぎ五街道を整備した。
3 大阪から江戸に商品を運ぶ航路ができた。
4 東北から江戸に商品を運ぶ航路ができた。
まとめ 江戸時代に全国をつなぐ流通網ができた。

D 1 松尾芭蕉らが広めた「俳諧」が流行した。
2 井原西鶴らが書く「浮世草子」が読まれた。
3 近松門左衛門らの「浄瑠璃」が上演された。
4 幕府が昌平坂学問所で儒学を学ばせた。
まとめ 江戸時代には庶民が文化の中心になった。

E 1 藩を廃止して府・県にして役人を派遣し、大名だった者を東京に移住させる廃藩置県を行った。
2 特権を奪われた士族や増税を恐れた農民による各地の一揆や反乱を、激しい戦いの末に鎮圧した。

3　米の出来高で支払う年貢による納税方法を改めて、土地の価格に課税する地租改正を行った。
4　士農工商を廃止して華族・士族・平民とし、結婚・職業選択の自由等を認め、四民平等とした。
まとめ　幕末に始まり、明治の初期に本格的に実行された一連の大改革を明治維新とよぶ。
F
1　一九五〇年代に「白黒テレビ・電気洗濯機・電気冷蔵庫」の「三種の神器」が急速に普及した。
2　一九六〇年代に「自家用車・カラーテレビ・クーラー」の「新三種の神器」がかわって普及した。
3　スーパーマーケットやコンビニエンスストアなどが急速に普及し流通面で変化をもたらした。
4　鉄道の電化や高速道路網の整備が進み、団地と呼ばれる集合住宅が一般化するようになった。
まとめ　経済の高度成長は、国民の生活様式と意識にも大きな変化をもたらし、大量生産・大量消費の「消費革命」が起こった。

【ねらい】事実の表現が詳しくなると、「事実の意味や性質」を表現している「考察」が存在する意味がわかる。「考察」によって「事実」の価値が表現されているからである。

【解答】A　3　B　2　C　1
D　4　E　2　F　4

9 考察（「まとめ」）の書き方 中学3年

問1 「文化祭」を小論文に書くことになり、題材メモを作った。次の問に答えなさい。

〈題材メモ〉文化祭での出来事
① 学年劇では主役で舞台に立って歌も歌った。
② 美術の作品は未完成のまま展示されていた。
③ 中学三年生の修学旅行の展示が美しかった。
④ 吹奏楽部の演奏は迫力があってよかった。
⑤ 二年の展示で江戸時代がよくわかった。
⑥ 英語劇は話の内容が全く聞こえなかった。
⑦ スピーチ練習や展示準備で遅くまで残った。

(1) ③・④・⑤を題材に「なか」を書く場合、「まとめ」として最も適切な記号に○をつけなさい。
1 文化祭はあまり楽しくなかった。
2 満足できる文化祭だった。
3 文化祭はまあまあだった。
4 とても疲れた文化祭だった。
5 文化祭で友だちができた。

(2) 「文化祭はつまらなかった」と「まとめ」に書く場合、「なか」に合う題材を①～⑦のうちから、全てを選んで記号を書きなさい。
（　　　　　　　　）

問2 「家事手伝い」を小論文に書くことになり、題材メモを作った。次の問に答えなさい。

〈題材メモ〉家事手伝いをしたこと
① ご飯を炊く水の分量が少なくご飯が固かった。
② 夕飯の準備で味噌汁作りを私が担当している。
③ 風呂の湯船を洗剤で毎日きれいにしている。
④ 洗車では車体を傷つけないように磨いている。
⑤ だし巻き卵を作るとき、砂糖と塩を間違えた。

⑥　週に三回ある朝のゴミ出しは私と弟の仕事だ。

⑦　日曜の朝は床を掃除機で掃除している。

(1)　③・④・⑦を題材に「なか」を書く場合、「まとめ」として最も適切な記号に○をつけなさい。

1　手伝いを続けるとご褒美がもらえる。

2　手伝いは失敗するとかえって邪魔になる。

3　手伝いでは細心の注意が必要である。

4　家族の役に立っているという達成感がある。

5　細部に注意してきれいになるまで作業する。

(2)　「注意深さが必要」と「まとめ」に書く場合、「なか」に合う題材を①〜⑦のうちから、全てを選んで記号を書きなさい。

（　　　　　　　　　　　　）

【ねらい】事実の組み合わせにより、ある事象への考察（評価）が変わることに気づくための課題である。

【解答】

1　(1)　2　(2)　②・⑥

2　(1)　4　(2)　①・④・⑤

10 結論（「むすび」）の書き方 中学3年

論理的文章の「むすび」は意見や主張を書きます。「まとめ」の価値を述べ、一般化します。

問1 「まとめ」に合う「むすび」に○をつけなさい。

A 林間学校
「まとめ」班のみんなと協力できた。
「むすび」ア 協力できると、楽しくなる。
　　　　イ キャンプファイヤーがよかった。
　　　　ウ 協力すると、大きな力を生み出す。

B 運動会
「まとめ」　練習では精一杯努力した。
「むすび」ア 努力が結果につながると学んだ。
　　　　イ 練習が毎日ありつらかった。
　　　　ウ 努力しても負けるときがある。

問2 「むすび」を自分で書きなさい。

A 飯ごう炊さん
「はじめ」秋山公園で飯ごう炊さんを行った。
「なか1」米を四合入れ、飯ごうで炊いた。
「なか2」ポークカレーを六人分作った。
「まとめ」練習の通り、おいしくできた。
「むすび」（　　　　　　　　　　　　　　）

B 体力テスト
「はじめ」五月に体力テストがあった。
「なか1」反復横跳びは去年より回数が増えた。
「なか2」五十メートル走は〇・五秒速くなった。
「まとめ」中学一年より記録が伸びた。
「むすび」（　　　　　　　　　　　　　　）

【ねらい】「まとめ」と「むすび」の違いを、事例から考える課題である。

【解答】 1 A ウ　B ア
2例 A 練習の成果から、協力の意義が分かった。 B 一年間の成長を実感することができた。

11　序論（「はじめ」）の書き方・題名のつけ方

中学1年

論理的文章の「はじめ」は文章のあらましを書きます。「はじめ」には感想や意見を書きません。

問1　「なか・まとめ」に合う「はじめ」に○をつけなさい。

A　掃除
「はじめ」ア　掃除をがんばった。
　　　　　イ　掃除当番だった。
「なか1」教室の床を掃いた。
「なか2」廊下を水拭きした。
「まとめ」きれいになった。

B　日直
「はじめ」ア　井上さんと日直だった。
　　　　　イ　日直は大変な仕事だ。
「なか1」日誌を一ページずつ書いた。
「なか2」植物に二人で水をやった。
「まとめ」二人で協力できた。

問2　次の文章の題名を後から選びなさい。

A　題名（　　　　　　　　　　）
「はじめ」高尾山に遠足に行った。
「なか1」バスでは、班ごとにクイズを出した。
「なか2」頂上ではお弁当を交換して食べた。
「まとめ」楽しかった。

B　題名（　　　　　　　　　　）
「はじめ」陶芸教室があった。
「なか1」粘土でマグカップを仕上げた。
「なか2」はしおきも五つ、作った。
「まとめ」満足のいく作品になった。

（大変だった山登り　バスで盛り上がった遠足
楽しかった遠足　形のいいマグカップ
疲れた陶芸教室　満足した陶芸づくり）

【ねらい】論理的文章の序論の書き方と、題名のつけ方を例文で理解する課題である。

【解答】1　A　イ　B　ア
2　A　楽しかった遠足
　　B　満足した陶芸づくり

11 序論（「はじめ」）の書き方・題名のつけ方

中学2年

論理的文章の「はじめ」は最後に書きます。他の段落を全て書いた後に「はじめ」を書くと、首尾一貫した内容になります。

問1 「なか・まとめ」に合う「はじめ」に○をつけなさい。

A 家の手伝い
「はじめ」ア 家の手伝いをよくしている。
　イ 家の手伝いを毎日している。
　ウ 家の手伝いは疲れる。
「なか1」食事の後に食器を洗った。
「なか2」お風呂掃除をした。
「まとめ」手が冷たく、大変だった。

B 係活動
「はじめ」ア 給食当番は二か月に一回担当だ。
　イ 給食当番のよそう係は苦情が多い。
　ウ 給食当番でよそう係を担当した。
「なか1」チャーハンが同じ量になるようにした。
「なか2」フルーツポンチで苺の数をそろえた。
「まとめ」不満が出ないように、気を遣った。

問2 次の論理的文章に題名をつけなさい。

A 題名（　　　　　　　　　　　）
「はじめ」家では二つの手伝いをしている。
「なか1」風呂掃除は土、日の夕方にしている。
　浴槽を磨くのに十五分くらいかかる。
「なか2」洗濯物を取り込み畳むのが担当である。
　Yシャツを畳むにはコツがいる。
「まとめ」手伝いは慣れてくると、楽しくなる。

【ねらい】論理的文章の序論の書き方と、題名のつけ方を確認する課題である。

【解答】1 A イ B ウ
2 例 A 慣れると楽しい手伝い

11　序論（「はじめ」）の書き方・題名のつけ方

中学3年

　論理的文章には、題名が大事な役割を果たします。多くの読者は題名を見て、その文章を読むかどうかを決めるからです。論理的文章の核心は、具体例のおもしろさではなく、「まとめ」に書かれている「法則性」のおもしろさです。そのために「まとめ」のキーワードを使うと、その文章の内容をよく示し、題名として優れていることになります。

問　よい「題名」に○をつけなさい。

A　題名　ア　名前のつけ方
　　　　イ　大雑把な区別
　　　　ウ　役立つ名前

　事物のうちで非常に大切なものには、一つ一つ名前をつける。それ以外は必要に応じて、あるいは大雑把な、あるいは似たようなものの集まりに名前をつける。このように現実社会では、ものを名前によって区別し、理解するために役立てている。

B　題名　ア　多様な政治体制
　　　　イ　英王室の元首
　　　　ウ　プラグマティズムの産物・連邦

　連邦は非常に緩い国家間の連合であり、国際連合によく似ている。国際連合には憲章があるが、連邦にはそれすらなく、英王室を連邦の元首として認めさえすれば、メンバー国はどんな政治体制をとってもよかったし、自分自身の王室をもつことさえ許された。それはイギリスのプラグマティズムの産物であり、極端にいうならば旧大英帝国の同窓会のようなものである。

C　題名　ア　水の惑星である地球
　　　　イ　水と氷の惑星である火星
　　　　ウ　火星探査の結果

　二年おきくらいに行われている火星探査の結果、火星の地表付近には、大小様々な水の流れた跡が多く発見されている。現在、火星の地表の水は、凍りついていて、氷の状態である。極冠は二酸化炭素の氷であり、大気の主成分も二酸化炭素である。地殻に含まれる水の量は分からないが、現在、分かる範囲で推定すると、水より二酸化炭素の方が多くなる。火星は氷の惑星であり、地球と火星を比較すると、地球は水の惑星である。

D　題名　ア　物価の安定
イ　金融政策の決定と実行
ウ　特別な働きをする日本銀行

日本銀行は物価の安定のために、金融政策の決定と実行に当たる。物価とは物やサービスの価格を全体としてとらえたものである。金融政策とは、国債の売買などによる公開市場操作（オペレーション）などの手段を用いる。そして、金融市場を通じて資金の量や金利に影響を及ぼし、通貨や金融の調節を行うことである。このように、日本銀行は他の全国にある銀行と違って、特別な働きをする。

【ねらい】 論理的文章の「まとめ」のキーワードを取り出すことによって、よい題名のつけ方を理解する課題である。

【解答】 A　ア　B　ウ
C　ア　D　ウ

12　図・表・グラフの読み方　中学1年

図や表、グラフにすると、事実を整理することができます。グラフから対象となっている事実を読み取ります。

訪日外国人旅行者数・出国日本人数の推移

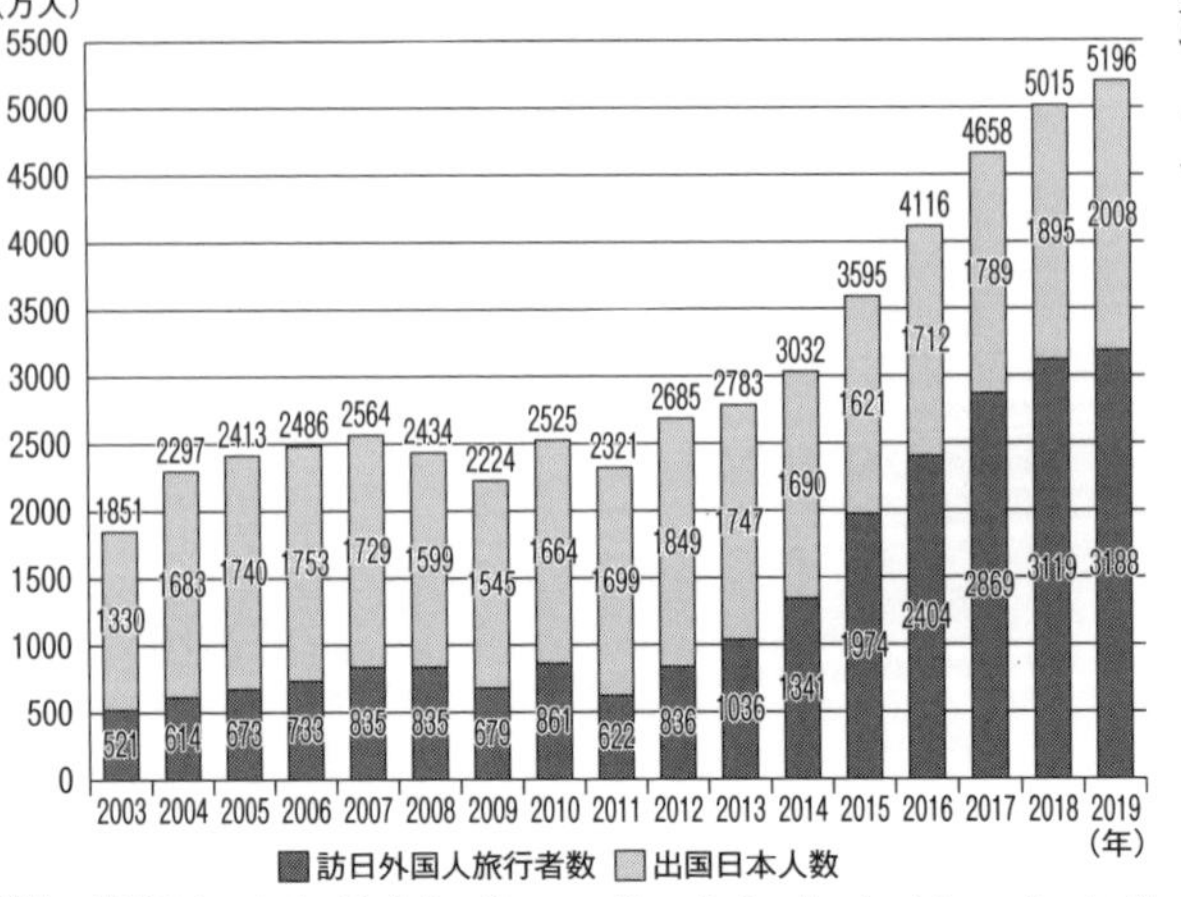

出典：観光庁ホームページ（http://www.mlit.go.jp/kankocho/siryou/toukei/in_out.html）を加工して作成

問　上のグラフに表されている事実を書いた文に○をつけなさい。

ア　二〇一一年に訪日外国人旅行者数は急に増加している。

イ　二〇一五年の訪日外国人旅行者数は二〇一二年の二倍以上である。

ウ　二〇一五年の訪日外国人旅行者数は二〇〇三年の五倍以上である。

エ　出国日本人者数は、二〇〇三年から二〇〇九年まで増加し続けている。

オ　出国日本人者数は、前年に比べ減少している年もある。

キ　訪日外国人旅行者数が、出国日本人者数を超えたのは二〇一七年である。

【ねらい】　グラフから対象となっている事実を読み取る課題である。

【解答】　イ　オ

12 図・表・グラフの読み方 中学2年

問　次のページ以降の折れ線グラフA～Eは、世界のある地域の、年間の平均気温を、一月から十二月にかけて、一年間分、表現したものです。このグラフから読み取れる、その地域の特色を、後のグループⅠ・Ⅱ・Ⅲの中から、それぞれ一つずつ選び、かっこに記号で答えなさい。

グループⅠ

ア　一年を通して、毎月の平均気温が二十五～三十度の間にある地域である。

イ　一年を通して、平均気温が〇度を下回る氷点下の期間が長い地域である。

ウ　一年の中に、平均気温が二十～二十五度になる月と、平均気温が十～十五度になる月とがある地域である。

グループⅡ

エ　暑い夏の季節と寒い冬の季節がある地域である。そして、夏と冬の間に、中間的な春と秋の季節がある地域である。

オ　一年を通して、暑い夏の季節が続いている地域である。

カ　一年を通して、寒い冬の季節が続いている地域である。

グループⅢ

キ　六月～八月に平均気温が高い夏があり、十二月～二月に平均気温が低い冬がある地域であることから、北半球のどこかの地域である。

ク　赤道に近いどこかの地域である。

ケ　十二月～二月に平均気温が高い夏があり、六月～八月に平均気温が低い冬がある地域であることから、南半球のどこかの地域である。

①A地域　Ⅰ（　　）Ⅱ（　　）Ⅲ（　　）

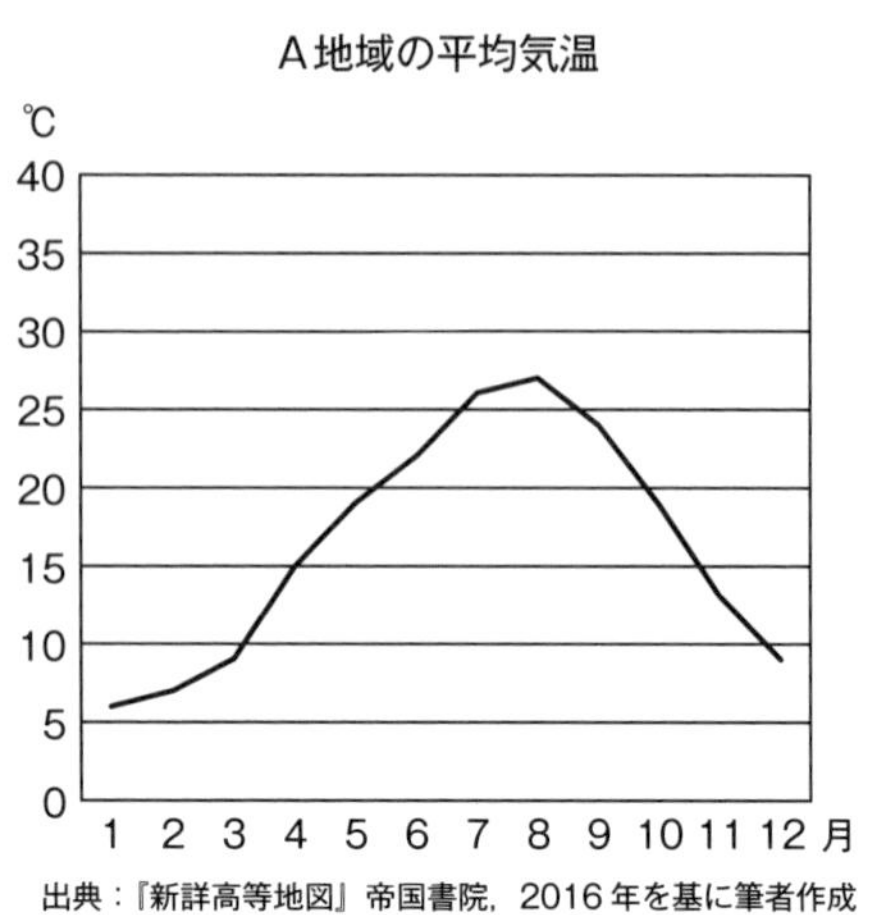

出典：『新詳高等地図』帝国書院，2016年を基に筆者作成

---

②B地域　Ⅰ（　　）Ⅱ（　　）Ⅲ（　　）

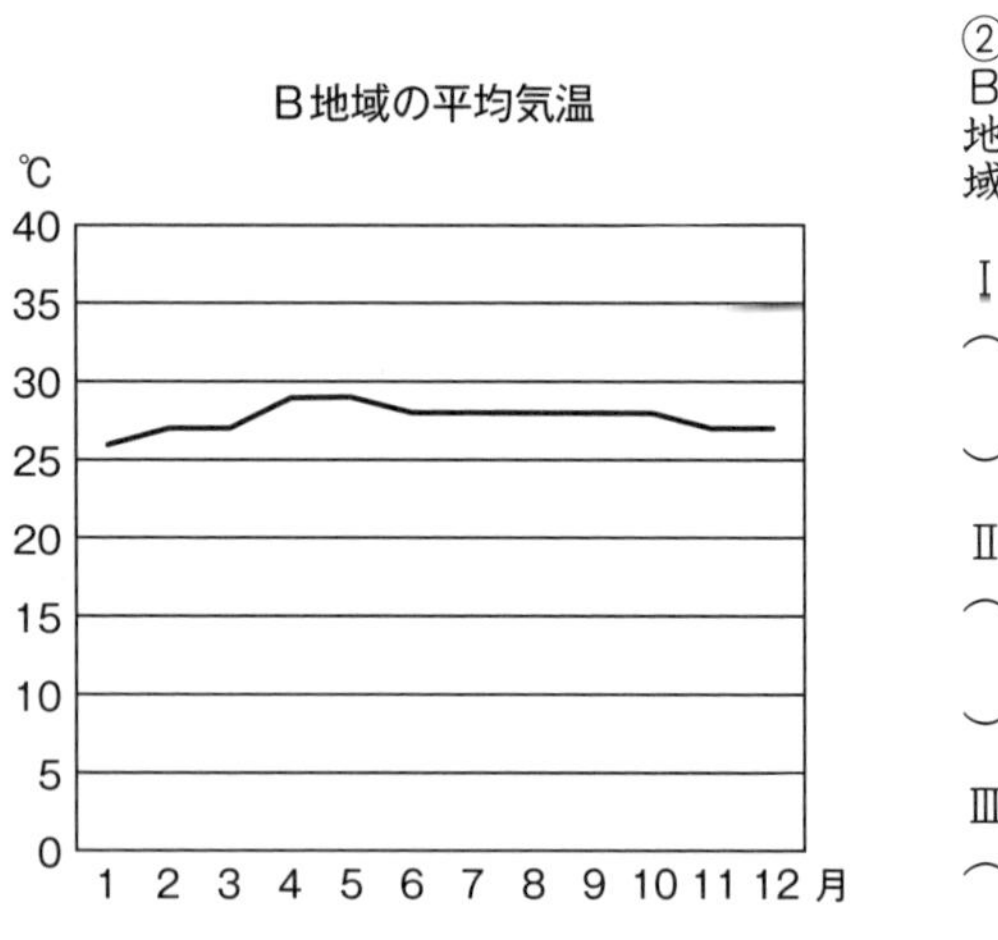

③C地域　Ⅰ（　　）Ⅱ（　　）Ⅲ（　　）

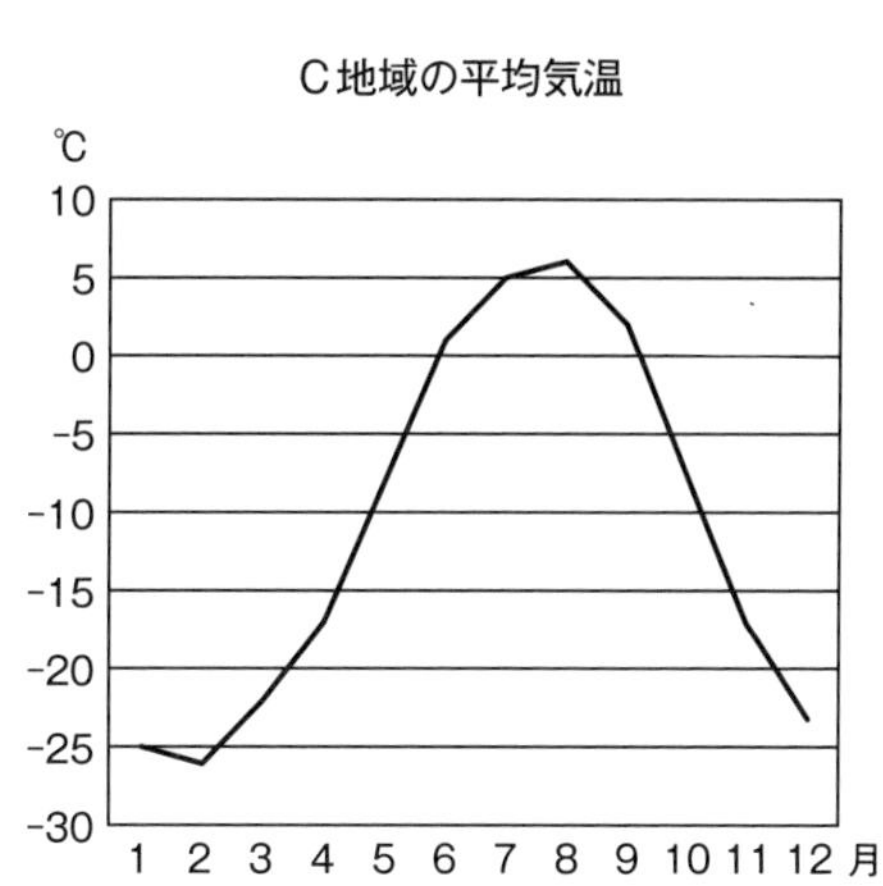

④D地域　Ⅰ（　　）Ⅱ（　　）Ⅲ（　　）

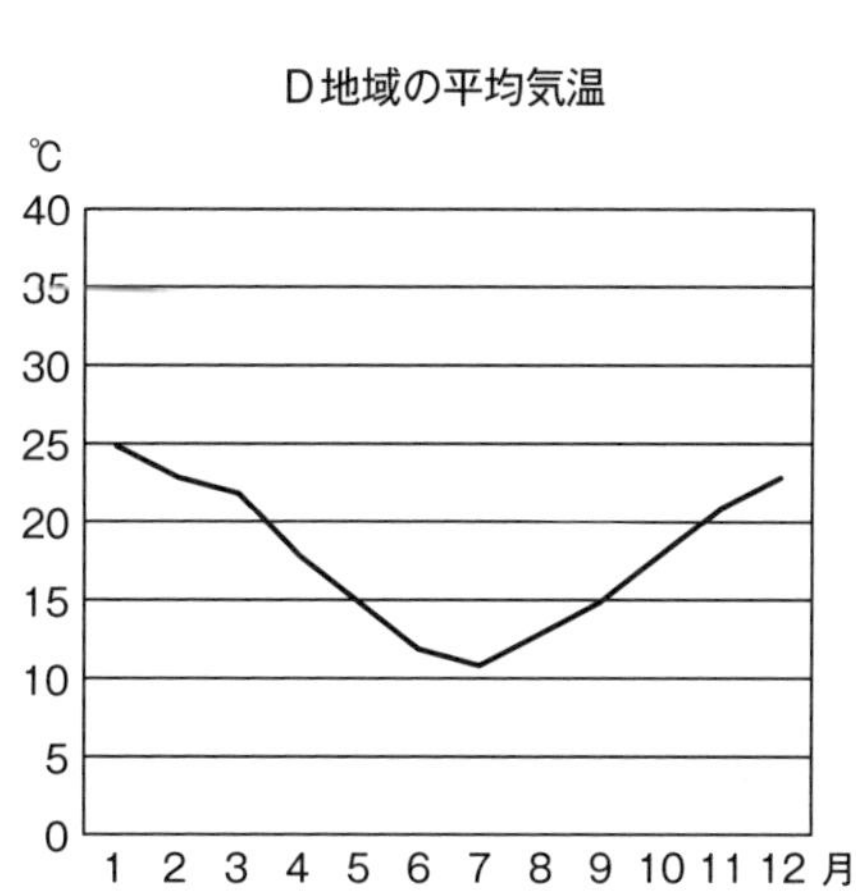

⑤E地域　Ⅰ（　　）Ⅱ（　　）Ⅲ（　　）

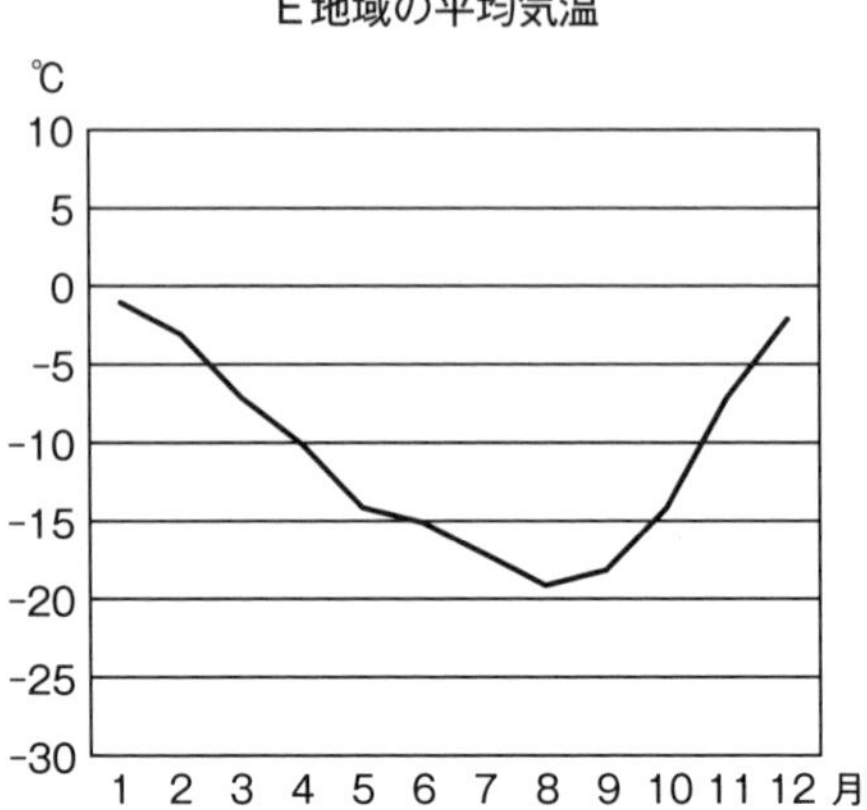

【ねらい】数値を図に表したグラフから、「事実の示す傾向」を読み取る課題である。

【解答】①A地域　Ⅰウ・Ⅱエ・Ⅲキ
②B地域　Ⅰア・Ⅱオ・Ⅲク
③C地域　Ⅰイ・Ⅱカ・Ⅲキ
④D地域　Ⅰウ・Ⅱエ・Ⅲケ
⑤E地域　Ⅰイ・Ⅱカ・Ⅲケ

12 図・表・グラフの読み方 中学3年

問　次のグラフは「修学旅行の食事に関するアンケート結果」です。後のA～Cの説明の【　】内の語句を一つ選び○をつけ、（　）内にはグラフから読み取った数字・語句を入れなさい。

修学旅行の感想（食事）

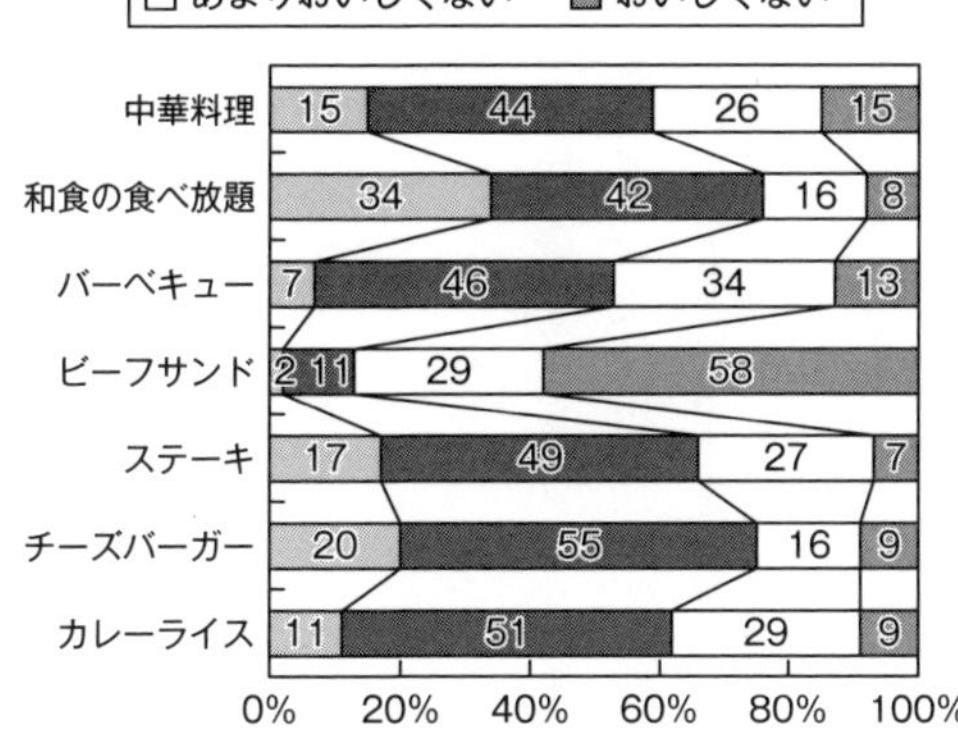

A　食事については、全体的に【好評だった・不評だった】と考えてよい。なぜなら、七種類の食事メニューのうち、（　　）種類のメニューで、食事が「おいしい・まあまあおいしい」と回答した生徒の数が、「あまりおいしくない・おいしくない」と回答した生徒の数より【多い・少ない】からである。

B　メニューの一つ、（　　　　　）は、不評であった。なぜなら、このメニューに対しては、「おいしい・まあまあおいしい」と回答した生徒が（　　％）であるのに対し、「おいしくない・あまりおいしくない」と回答した生徒が（　　％）だったからである。

次回の修学旅行では、食事のメニューからはずし、別のメニューに変更した方がよい。

C　七種類のメニューの中では、①（　　　　　）と②（　　　　　）は、特に好評であった。

なぜなら、「おいしい・まあまあおいしい」と回答した生徒が、①（　　　　　）は（　　％）

で、②（　　　）は（　　%）だったからである。これは、好評だった他のメニューに比べても、ひときわ【大きい・小さい】数字だからである。

次回の修学旅行でも、食事のメニューに入れるとよい。

【ねらい】 数値を図に表したグラフから「事実の示す傾向」を読み取り、文字情報に直す課題である。データ（数値）をもとに事実を評価して議論するための基礎練習である。

【解答】 A　好評だった・六・多い

B　ビーフサンド・十三・八十七

C　①　和食の食べ放題・七十六

②　チーズバーガー・七十五、大きい

13 情報の信頼性 中学2年

問1 情報として適切な記号に○をつけなさい。

A 1 彼はバスケットボール部に入っている。
2 彼はバスケットのパスが上手い。
3 彼は努力家で、部活動を休まない。

B 1 今年の夏は酷い暑さが続いて、辛かった。
2 八月は三十五度を超える日が十五日あった。
3 この八月は日本の夏とは思えなかった。

C 1 理科の実験の後、実験方法、実験結果、考察についてレポートを書く。
2 理科の実験の後は、必ずレポートを書かなくてはいけない。
3 理科の実験は危険な実験器具を使うので、気をつけることが多い。

問2 必要のない事柄に○をつけなさい。

A 南さんの美術作品は優れている。

ア 小学校では消防車の水彩画で特別賞だった。
イ 中学二年の陶芸で大型の花瓶を作り上げた。
ウ 中学一年の林間学校は飯ごうで上手に炊いた。

B 今年は台風の被害が多かった。

ア 八月に台風十四号が関東地方を通過し、稲穂が水びたしになった。
イ 七月の上旬、例年より二週間早く梅雨が明け、水不足が心配である。
ウ 九月には台風二十号が紀伊半島に接近し、収穫前の果実が落下した。

【ねらい】 情報には事実の他に、意見や推測、憶測などが入ってくることがある。より適切な情報を取り出す課題を設定した。

【解答】 1 A 1 B 2 C 1
2 A ウ B イ

13 情報の信頼性 中学3年

問1 的確な情報に○をつけなさい。

A 1 植木さんは「明日の天気予報は一日、雨だ。」と話していた。

2 植木さんは「明日は雨が降るから傘を持って来た方がいい。」と話してくれた。

B 1 南アメリカ大陸北部に流れるアマゾン川の流域は、密林地帯が広がっていて、謎の生物が大量に生息し、解明はこれからだ。

2 南アメリカ大陸北部に流れるアマゾン川は全長約六五一六キロメートルでナイル川よりやや短いが、流域面積は世界最大だ。

C 1 日本の大工は、法隆寺に代表されるように、木の特性を計算して、あらゆる角度から木を研究し、千年も残る建物を建てた。

2 法隆寺の修復で宮大工だった西岡常一は創建当時の木材にカンナをかけたら、新しい木と変わらない檜の香りがしたと言う。

問2 信頼できる情報に○をつけなさい。

A 1 夏目漱石の「坊っちゃん」は「おれ」を主人公にして、「親譲りの無鉄砲で小供の時から損ばかりしている」から始まる。

2 夏目漱石は「坊っちゃん」で自分自身を題材にしているらしく、短気でけんかばかりして、親からしかられたと回想している。

B 1 寺田寅彦は「『手首』の問題」で「心の手首」に触れていて、手首以外のこともいろいろと述べている点がおもしろい。

2 寺田寅彦は「『手首』の問題」で手首の自由の問題は弦楽器以外、その他の「いろいろな技術の場合にも起こって来るからおもしろい」と述べている。

【ねらい】情報は、出典や引用等を的確に取り入れることで、その信頼性が増す。

【解答】1 A 1 B 2 C 2
2 A 1 B 2

14 論理的文章の文体 中学1年

論理的文章には書き方にルールがあります。詩や小説などの文学的文章とは表現や目的が異なります。

問 論理的文章として適切な方に○をつけなさい。

A である体を使う
ア ゲームをして、とても楽しかったです。
イ ゲームをして、とても楽しかった。

B 否定表現を使わない
ウ 彼の意見には反対である。
エ 彼の意見は賛成できない。

C 体言止めを使わない
オ わたしの好きな果物、りんご。
カ わたしはリンゴが好きである。

D 数値、名詞を使う
キ 最近、学校の前で友達に会った。
ク 五日の午後三時頃、東中学校の正門前で吉田さんに会った。

E 数値、名詞を使う
ケ ほぼ毎日ある、部活動の練習時間が長い。
コ 週に五日ある卓球部の練習は二時間だ。

F 論理的文章では会話を改行しない
サ 母が
「今日の夕方、洗濯物を取り込んでおいて。」
と、言った。
シ 母が「今日の夕方、洗濯物を取り込んでおいて。」と言った。

G 無駄な言葉を省く
ス インタビュー調査が必要である。
セ よく調査するということが必要である。

【ねらい】 論理的文章の文体は簡潔で明瞭であることが原則である。それを課題で示した。

【解答】 A イ　B ウ　C カ　D ク
E コ　F シ　G ス

14 論理的文章の文体 中学2年

論理的文章の文体の原則は簡単・明瞭であることです。文学的文章とは表現の仕方が異なります。

問 論理的文章として適切な方に○をつけなさい。

A 否定表現・肯定表現

ア 月曜・水曜・木曜に部活動がある。

イ 月曜と水曜と木曜以外は部活動がない。

B 否定表現・肯定表現

ウ 社会科は理科のように勉強が簡単でない。

エ 社会科は、理科と同様に勉強が大変である。

C 体言止めを使わない

オ クラスのみんなが納得する学級会を行う。

カ クラスのみんなが納得する学級会の実施。

D 長い修飾句

キ 水と緑の、深刻な温暖化が進む地球をテーマにして話し合う。

ク 深刻な温暖化が進む、水と緑の地球をテーマにして話し合う。

E 長い修飾句

ケ 気の弱い、無口な、友人との深いつきあいの嫌いな山田さん

コ 友人との深いつきあいの嫌いな、気の弱い、無口な山田さん

F 数値や名詞

サ 理科の実験では、毎回、注意の必要な道具をたくさん使う。

シ 理科の沸点の実験では、ビーカー、枝付き試験管、アルコールランプなどを使う。

【ねらい】文章を比較することで、論理的文章の文体に気づく課題である。

【解答】A ア　B エ　C オ
D ク　E コ　F シ

14 論理的文章の文体 中学3年

論理的文章では文学的な美文、大げさな言い回し、華やかな比喩などは全て不要です。

問1 例に倣い論理的文章に書き直しなさい。

例×酔ったように校歌を歌い続けた。
○（校歌を歌い続けた。）

A×テニスというスポーツを通して成長した。
○（　　　　　　　　　）

B×受験という厳しい現実が目前に迫ってきた。
○（　　　　　　　　　）

C×私たちは谷川中学の仲よし三人組だった。
○（　　　　　　　　　）

D×いつしか私にとって彼はかけがえのない友人となっていたのであった。
○（　　　　　　　　　）

E×彼女はプレッシャーに弱いタイプだった。
○（　　　　　　　　　）

問2 大げさな言い回しの文に×をつけなさい。

ア あの日々を思い返す今日このごろである。
イ 何ものにもかえられない貴重な体験をした。
ウ 吹奏楽部の練習に休まず参加した。
エ いろいろ考えたあげく、進路を決定した。
オ 勉強と部活に追いまくられる毎日である。
カ 私の部活は近隣でかなり嫌がられた。
キ 早いもので、あれから三年の月日が経った。
ク 中学の卒業式に、後輩から色紙をもらった。
ケ どういうわけか、田中さんによく会う。
コ 中学校最後の試合では悔し涙に暮れた。

【ねらい】文学的な表現を示すことで、論理的文章の文体に気づく課題とした。

【解答】1例A テニスによって成長した。B 受験が近づいた。C 三人は谷川中学のとき仲よしだった。D 私は彼と親しくなった。E 彼女は気が弱い。

2 アイエオカキケコ

15 論証の誤り 中学・発展

「事実」とそこから導き出される「考察」をつなげる論証を検討します。日常的に見過ごされやすい誤りの種類を学びます。

一、不当な一般化の誤り……少ない標本（事実）から全体を判断（考察）してしまうことから起こる誤り。

六十歳になる私の父も、八十五歳の佐藤さんも、二十歳のころから毎日一箱たばこを吸い続けてきたそうだが、病院にかかったことがない。たばこは長期間、コンスタントに吸い続けると、身体への害はないといえる。

問1　事実と考察を結ぶ「理由づけ」は通常省略されるため、論証の誤りに気づきにくいです。例文の論証に隠された理由づけの空欄に適切な語句を書きなさい。

事実　長期間毎日一箱たばこを吸っている、六十歳の父と八十五歳の佐藤さんは、健康である。

↓理由づけ＝父と（ア　　）に当てはまることは、一般の（イ　　）にも当てはまるだろう。

考察　長期間コンスタントにたばこを吸うことは身体への害はない。

二、論点のすりかえ……事実から論証しえる考察と、実際に論証し得た考察とがずれている誤り。

現政権の財政政策の結果、景気が上向き、GDPも四半期ぶりにプラス成長に転じた。しかし、何人かの大臣たちの失言があったことを踏まえると、現政権を評価することはできない。

問２　例文の論証を表すと、次のようになります。
空欄に適切な語句を書きなさい。

事実　現政権は景気回復の成果を出した。

←理由づけ＝業務上の功績よりも人格が重要である。

考察　現政権は（　　　　　　　　　　）。

【ねらい】論証の誤り（虚偽）は、意図的であるか否かにかかわらず、日常的にもよく見られる。事実と考察のあいだの理由づけを意識することで、論証の誤りに気づくことができる。

【解答】１　ア　佐藤さん
イ　人々
２　評価できない

あとがき

明治図書　林　知里様には、本書の企画や構成、内容等全てにおいて、多大なお力をいただきました。心から深く感謝申し上げます。校正では、関沼　幸枝様に出典をはじめとして、専門的かつ丁寧に見ていただきました。中学生への論理的文章指導の価値を新たに見出していただき、全国に緊急事態宣言が出る中、ご対応いただきました。ここに敬意を表します。

「はじめ・なか・まとめ・むすび」という構成を備えた小論文指導は、恩師である市毛勝雄先生（一九三一～二〇一七年）が考案されました。本書はその小論文指導を基盤としています。市毛先生は月に2回実施している研究会で「小論文指導は中学と高校が課題だ。社会や理科でレポートを書くから、国語科で教えなくていいと思っているのではないか」とよく話されていました。昨年度、加賀谷いづみ氏と、西山明人氏の小論文の授業を見学する機会を得ました。お二方の素晴らしい授業実践が機動力となり、本書は成り立っています。

中学生をはじめ、自分の考えを明確にし、社会に発信するためには、その考えを的確に文章表現する力が、今後の社会では益々必要になります。安心して授業のできる学校生活が戻ることを切に願っています。

なお、本書はＪＳＰＳ科研費ＪＰ17Ｋ０４８３６の助成の一部を受けています。

二〇二〇年五月七日　　長谷川　祥子

参考文献

国分一太郎『新しい綴方教室』新評論、一九五二年
沢田允茂『現代論理学入門』岩波新書、一九六二年
森岡健二『文章構成法』至文堂、一九六三年
ピアジェ、滝沢武久訳『思考の心理学』みすず書房、一九六八年
市毛勝雄『説明文の読み方・書き方』明治図書、一九八五年
木下是雄『理科系の作文技術』中公新書、一九八一年
田中潔『実用的な科学論文の書き方』裳華房、一九八三年
田中潔『手ぎわよい科学論文の仕上げ方（付）初心者べからず集　第2版』共立出版、一九九四年
輿水実監修、風間章典・国語スキル研究会編『作文の基礎力をつける基本スキルワーク』明治図書、一九九一年
（『作文のスキルブック』（1〜6年（光文書院）からの転載）
『新版　哲学・論理用語辞典』三一書房、一九九五年
国語教育研究所編『「作文技術」指導大事典』明治図書、一九九六年
香西秀信『修辞的思考―論理でとらえきれぬもの』明治図書、一九九八年
渋谷孝『作文教材の新しい教え方』明治図書、二〇〇一年
市毛勝雄『小論文の書き方指導　4時間の授業で「導入」から「評価」まで』明治図書、二〇一〇年
浜本純逸監修、田中宏幸編著『中学校・高等学校「書くこと」の学習指導―実践史をふまえて―』渓水社、二〇一六年

【編著者紹介】

長谷川　祥子（はせがわ　さちこ）

1987年埼玉大学教育学部卒業，2006年早稲田大学大学院教育学研究博士後期課程満期修了。1987年から東京都公立学校教諭，2013年北海道教育大学，2017年より青山学院大学勤務。
著書に，『小学校国語科　論理的文章を書く力を育てる書き方指導』（2017）他。編著に，『はじめて学ぶ人のための国語科教育学概説　小学校』（2018）。（いずれも明治図書）

【著者紹介】

加賀谷　いづみ　　北海道札幌市立元町中学校
西山　明人　　東京農業大学第三高等学校附属中学校

〈ドリル執筆者〉

池田　尚子　　中央大学杉並高等学校
大木　真智子　　元山形県白鷹町立東中学校
小川　智勢子　　埼玉県三郷市立吹上小学校
小泉　尚子　　中央大学杉並高等学校
西山　悦子　　東京都台東区立東泉小学校

中学校国語科
クラス全員が必ず書けるようになる指導技術
すぐに使える練習ドリル付き

2020年8月初版第1刷刊　©編著者　長谷川祥子
著　者　加賀谷いづみ
西山明人
発行者　藤原光政
発行所　明治図書出版株式会社
http://www.meijitosho.co.jp
（企画）林　知里（校正）関沼幸枝
〒114-0023　東京都北区滝野川7-46-1
振替00160-5-151318　電話03(5907)6703
ご注文窓口　電話03(5907)6668

＊検印省略　組版所　株式会社アイデスク

Printed in Japan　ISBN978-4-18-341915-6